U0925982

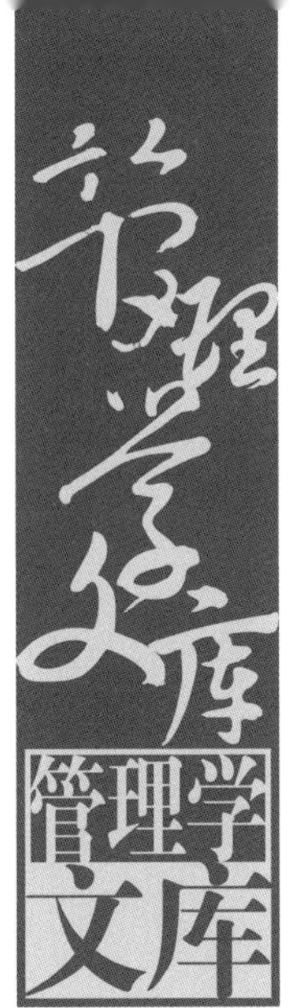

互联网时代的大众生产

孟 韬 著

中国人民大学出版社
· 北京 ·

前　言

互联网信息技术的发展给企业组织带来了重大变革。大众生产模式就是在互联网时代尤其是 Web2.0 环境中出现的一种新型的组织模式，即“不依赖市场和层级制，众多利用互联网的参与者共同互动、协作而创造产品与服务，尤其是知识产品的生产组织模式”（Benkler，2002，2006）。系统开放、众多参与者之间多对多互动、分布式在线协作以及通常产生公共产品是这一模式不同于企业也不同于市场的基本特点。Linux 计算机操作系统、安卓（Android）手机操作系统、维基百科（Wikipedia）、百度百科等都是在这种模式下高效地生产出的免费知识产品。大众生产具有众包、公民众包、众筹、P2P 金融、顾客创新等多种表现形式，贯穿从投融资到研发设计、生产制造及市场营销等整个企业价值链过程。这些表现形式也是当前备受关注的互联网与产业融合的模式。

大众生产的“人人参与、共同协作”理念正成为一股商业热潮，许多公司将其运用于技术研发和经营管理的创新中。许多世界知名公司都开设了专门的网站来邀请消费者和其他外部人员为公司提供产品创新思路和设计，如星巴克的 My Starbucks Idea，戴尔的 Ideastorm，宝洁的 Connect+Develop，国内的海尔、小米、腾讯、滴滴等企业也进行了积极尝试。

如同网络组织成为组织发展新趋势与企业高成长方式一样，依赖于互联网并以群体网络的开放、共享、协作为准则的大众生产也正在改变着整个企业组织模式、商业模式、技术创新模式，乃至社会的知识创造和资源配置方式。大众生产组织的研究是企业理论研究中一项前沿的基础性研究，具有重要的理论意义，也是一项饶有趣味的研究。本书对互联网时代的传统企业的变革、转型，对正在实施大众生产的企业提高效率都提供了有益的意见和建议。

本书是在本人承担的国家自然科学基金课题研究的基础上写成的。本书对大众生产的模式与机制进行研究，即研究大众生产组织是什么？大众生产是如何组织的？在大众生产模式方面，主要研究大众生产的组织模式特征、网络结构形式及组织表现形式；在大众生产机制方面，主要研究大众生产组织内部的网络机制以及社会网络的作用机制。具体分为以下四部分内容。第一，大众生产的组织模式及价值创造过程。通过文献综述和理论演绎，研究大众生产的概念、兴起的动因、竞争优势与组织模式分类等。第二，大众生产的网络机制。应用社会网络理论，对大众生产组织的网络治理机制进行实证研究。第三，大众生产的具体形式。研究大众生产的具体表现形式，如众包、公民众包、众筹、P2P 金融、顾客创新等，研究这些大众生产表现形式的组织结构、组织过程以及商业模式，这些内容分别对应第 4 章到第 7 章。第四，研究影响大众生产的因素。包括顾客个体学习能力和虚拟品牌社区对大众生产行为的影响两部分内容。

本书的顺利出版得益于中国人民大学出版社和我所在学校东北财经大学的支持。本书获得了东北财经大学出版基金资助。本研究是辽宁省“兴辽英才计划”项目（XLYC1904017）的阶段性成果。我的一些研究生参与了部分研究工作，感谢王维、孔令柱、林晓敏、刘敏、李林晓、杨薇、牛青等。也感谢支持我的研究、教学、管理工作的所有亲人、同事与朋友！

孟　韬

目　录

第1章 导论

第1节 大众生产的兴起

大众生产是在互联网信息技术环境下，尤其是Web2.0环境下出现的一种新型的组织模式，即“不依赖市场和层级制，众多利用互联网的参与者共同互动、协作而创造产品与服务，尤其是知识产品的生产组织模式”（Benkler，2002，2006）。大众生产（peer production）的概念由美国学者Benkler于2002年首先提出，并不断得到深化。

系统开放、众多参与者之间多对多互动、分布式在线协作、通常产生公共产品是这一模式不同于企业也不同于市场的基本特点。Linux计算机操作系统、安卓（Android）手机操作系统、维基百科（Wikipedia）、百度百科等都是在这种模式下高效生产出的免费知识产品。

大众生产最早、最典型的现象是开源软件（open source software，OSS）。开源软件是以免费开放源代码、大众协作编程的形式开发的软件。开源软件最早可追溯至20世纪50年代，ACM算法的源代码在IBM和DEC用户群中的自由使用标志着开源软件的出现。90年代之后，随着Linus Torvalds开创开源软件操作系统Linux，开源软件进入了快速发展期。目前，包括Linux在内的诸多开源软件覆盖了操作系统、网络通信、桌面环境、办公、安全、文字处理、数据库、中间件和娱乐软件等几乎所有软件类型。参与者在开源社区中下载和使用源代码、报告错误、编写和修改代码、上传补丁、提出改善建议等。开源软件吸引了全世界数百万的软件开发志愿者参与到此类软件的开发、修改和创新过程。根据全球权威的信息咨询公司Gartner的统计，2015年底，Linux操作系统在服务器市场占据的市场份额为16.7%，Windows为53.7%，Linux已是Windows强有力的挑战者；网络服务器开源软件Apache已在市场中占据了绝对统治地位。汇集开源软件的网站SourceForge在2016年底拥有43万个开发项目，比十年前增加了5倍多。通用公共许可证（General Public License，GPL）是所有开源软件中应用最为普遍和严格的许可证，也称为逆版权（Copyleft）[①]。GPL一方面以版权法的方式授予使用者免费获得程序源代码的权利，禁止版权拥有者收费；另一方面以法律的方式规定任何人在使用、修改和改进此类软件时，其劳动成果必须自动采用GPL许可证。这从制度设计上保证了开源者的权益，也因GPL的传导性促进了开源软件的发展。

Linux带动了智能手机操作系统的发展和开源。安卓就是以Linux为基础开发的用于手机等便携数字设备的开源操作系统，2005年由Google收购注资。历经五年，安卓在手机操作系统的全球

---

① Copyleft以示与版权的英文单词“copyright”相对，倡导知识和创新的免费传播。

市场份额超过塞班系统跃居第一。根据Gartner公司的统计，2017年底，安卓占据全球智能手机操作系统市场86%的份额。开源的特性使得安卓允许任何移动终端厂商都可以加入到安卓联盟中来，对系统本身进行再次修改和设计。①

开源软件所展示的大众生产模式也应用到一些硬件产品生产中，如开源汽车CMMN（Case Management Model and Notation™）项目、OScar项目等。开源软件所倡导的开放、共享、免费的精神还带动了大学课程和图书馆开放运动。例如，近几年影响颇大的麻省理工学院、哈佛大学等一流大学的网络公开课；由众多志愿者录入图书供大众免费下载和阅读的古登堡网络图书馆；等等。

大众生产的另一个典型案例是维基百科。维基（Wiki）是一种可在网络上实现多人协同创作的超文本系统。维基百科是参与者自己创建、编辑和发布词条的百科全书，经过十多年的发展它已成为世界最大的维基网站、流量第五大的网站，其发展速度远远超过文本式、由专家撰写的《不列颠百科全书》。截至2018年底，英文维基百科已有约600万个条目，全球280种语言的总条目数达到4 700万个，约有4 000万名登记注册进行词条编辑的用户。维基百科由参与者自己管理，管理员一般也是积极参与并得到信任的成员。维基百科还有派生产品，如维基词典、维基文库、维基学院等。国内的模仿者百度百科、互动百科等发展也十分迅速。Tapscott和Williams（2006）由此提出了“维基经济”的概念来表示通过大众的大规模协作产生的经济效应。

大众生产的“人人参与、共同协作”理念正成为一股商业热潮，许多公司将其运用于技术研发和经营管理的创新中。许多世界知名公司都开设了专门的网站来邀请消费者和其他外部人员为公司提供产品创新思路和设计，如星巴克的My Starbucks Idea，戴尔的

① 目前在国内市场畅销的小米、vivo、OPPO等智能手机使用的都是在安卓基础上开发的手机操作系统，这也是国产智能手机能够迅速发展的一个重要原因。

Ideastorm，宝洁的 Connect+Develop；iPhone 的用户可以编写游戏等应用软件上传到苹果公司网站供广大用户下载。此外，也出现了一些专门为企业有偿委托大众完成任务提供平台的网站，俗称威客网，参与者被称为威客（Witkey）。例如，世界上规模最大的威客网站 InnoCentive，该网站详细列出了一系列需要解决的科学难题并附有报酬说明，如图 1-1 所示。用户只需在 InnoCentive 上注册就可以和全世界 10 多万名科学家共同帮助公司解决研发方面的难题，并得到现金回报。宝洁公司每年有约 35%的新产品创新思路和创新技术来自 InnoCentive 等网站及外部人员（Howe，2006）。

图 1-1　美国威客网站 InnoCentive 的主页

国内主要的威客网有猪八戒网、任务中国网等，猪八戒网站如图 1-2 所示。任务中国网站截止到 2019 年 1 月 28 日已有 6.5 万个任务，任务金额达 4 229 万元，参与者（威客）达 371 万人。有学者将此现象概括为“众包”（crowdsourcing）（Howe，2006）或“开放式在线外包”（Agerfalk et al.，2008）。互联网的 Web2.0 环境是大众生产出现的技术背景。Web2.0 是对依赖于用户参与、用户共享、用户互动的新一代互联网应用的统称。正是博客、微博、社交网站、RSS（简易信息聚合）、Tags（分类标签）等 Web2.0 的实践

应用元素为大众生产模式提供了有力支持。更广义地讲，Web2.0环境下的“用户创造内容”模式也属于大众生产的形式，通常是一些影像和文字资料的共享网站、评论网站及论坛、问题解答网站等，如YouTube、Flickr、优酷网、大众点评网、豆瓣网、百度知道等。

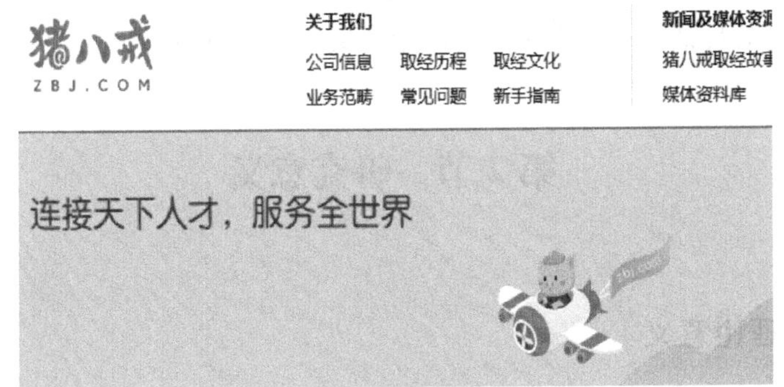

图1-2　国内威客网站猪八戒网

海尔公司开设了“众创意”海尔创意平台（见图1-3）、海尔开放式创新平台HOPE（Haier Open Partnership Ecosystem）吸引用户向海尔提交创意和设计，有效地推动了海尔“人单合一”、员工创客化、企业生态化等战略的实施。小米、腾讯等公司在此方面也做出了积极尝试。

图1-3　“众创意”海尔创意平台网页

用户及大众正在成为产品价值创造的新主体，他们通过在虚拟社区中进行自组织或者与企业人员进行互动来实施大众生产。依赖于互联网并以群体网络的开放、共享、协作为准则的大众生产正在改变着整个社会的知识创造、资源配置、技术创新方式。大众生产组织的研究是一项饶有趣味的研究，也是组织理论研究中的一项前沿的基础性研究，具有重要的理论意义与应用价值。

第2节　研究意义

一、理论意义

大众生产模式是互联网时代最富有意义的利用集体智慧（collective intelligence）的组织创新（Benkler，2016）。大众生产的迅猛发展给企业理论提出了一个“谜”（Benkler，2002，2006）。大众生产的主体由分散于世界各地的成千上万参与者组成，他们基本上素未谋面，仅通过互联网沟通，一般也没有经济报酬，参与者可以不受限制地随时加入或退出。如此松散的组织何以能高效率地产出高质量的操作系统、百科全书等复杂的公共知识产品？显然，正如Benkler在《科斯的企鹅，Linux与企业的性质》（*Coase's Penguin, or, Linux and the Nature of the Firm*）（企鹅是Linux的产品标志）中指出的：传统的企业组织理论难以解释这一现象。本书对大众生产的研究具有以下理论意义。

第一，在新经济时代背景下发展企业理论。在产权缺失、无管理层级和市场定价的情况下大众生产能成功运行，其中的组织模式和运作机制值得研究。可以说，大众生产组织是一种对企业组织的解构（Hassard et al.，2008）。开源运动的主要领导者Raymond（1999）在其名作《大教堂与集市》（*The Cathedral and the Bazaar*）中使用“集市”（bazaar）一词来比喻大众生产的组织特征，对应大教堂式的企业。Demil 和 Lecocq（2006）在 *Organization Studies* 杂志中发表《既不是市场、企业，也不是网络：新兴的集市治理》（*Neither Market nor Hierarchy nor Network*：*The Emergence of Bazaar Governance*）中提出了“集市治理”的概念。技术进步将降低组织的组织成本和交易成本，进而导致产权制度、组织形态与规模发生变化（Coase，1937）。因此，研究大众生产的模式和机制将是对企业理论在网络经济和知识经济时代背景下的新发展。

第二，对大众生产的兴起和发展给予经济管理理论的解析。大众生产迅速发展并出现了多种形式，从开源软件、维基产品到用户生成内容模式、众包等，不断拓展大众生产在经济与社会中应用的广度和深度。经济与管理的理论研究者需要透过这些现象，抽象出新经济条件下大众生产组织模式演化的内在逻辑，解答这些现象提出的一系列问题：在没有私有产权激励和经济契约约束的情况下，大众生产如何使一个参与者众多的非正式组织无偿贡献生产出复杂、高质量的公共产品？开源软件和维基百科所采用的共有产权制度是偶然现象还是具有合理的必然性基础？大众生产对传统的组织模式、创新模式进行了哪些创新？大众生产在知识产业中是否具有普遍意义？对于大众生产的未来发展，研究者也需要解答一些问题：大众生产如何进一步解决组织和激励的问题，从而作为一种有别于企业和市场的模式而长期存在？大众生产在未来是否可以超出知识产业扩大应用到实体产品制造业中？

第三，促进国内研究融入这一议题的世界研究热潮中。大众生产提出的组织理论之谜吸引了越来越多的管理学、经济学、社会学、计算机科学、物理学等不同学科的学者关注并形成了研究热潮。*Science* 杂志发表了 Benkler（2004）关于大众生产的产权问题的分析文章；《自然》杂志（*Nature*）刊登了 Giles 和 Wed 的两篇论文，阐述维基百科这一大众生产模式的典范。*Management Science* 杂志在 2006 年为开源软件出版了专刊，登出十余篇专门研究其管理与组织问题的论文。近年来，论文和专题国际会议更是层出不穷。相比之下，国内的研究才刚刚起步，研究成果的数量和质量都很不足，亟待提高，以促进国内大众生产实践的发展。

二、现实意义

如同 Facebook 等社交网站推动了北非的政治变革，基于互联网的大众生产也正在推动组织模式和创新模式的转变。大众生产使得知识、创新能力和市场力量前所未有地被分散到各地的个体手中，知识创造和技术创新的数量和速度也由此大幅提高。研究大众生产组织的现实意义有如下几点。

第一，有助于促进中国企业应用大众生产，加速知识与技术的共享和创新。国外大众生产的成功经验可以启发国内企业应用大众生产来创新生产模式和商业模式，在企业及社会层面起到促进知识共享与创新的作用。首先，大众生产应该为我国企业所熟悉，不仅是知识产品企业，也包括实体产品企业。大众生产应成为一些企业在进行“造还是买”（make or buy）决策时的又一种选择，并由此重塑企业组织模式和经营流程。其次，大众生产的研究和应用将推动中国企业实施开放式创新（Chesbrough，2003）。将超越企业边界的外部主体作为企业技术创新主体是技术创新模式发展的重要趋势，这种开放式创新实际上是大众生产在技术创新领域的体现。最后，本书挖掘的大众生产的一些具体管理策略对企业经营都有借鉴意义，例如消费者创新、创意集市、消费者生成内容等。这对于推进大众生产从知识产品向实体产品延展也有积极作用。

第二，有助于提高正在实施大众生产的中国企业的运作效率。大众生产也存在一些不足，例如，许多参与者持续参与的动力不足；产品的使用者众多，贡献者较少，“搭便车”现象突出；产生了许多错误或冗余的信息，降低了大众生产的质量和信誉。即使是成功案例——维基百科，其词条的质量也一度备受非议。我国的大众生产刚刚起步，以上问题也都存在。中国工程院院士倪光南（2007）指出：中国开源社区的实力很弱小，开源软件开发水平很低。在国际开源社区中，国人的角色也只是消费者，还不是贡献者；国内的几个开源社

区的参与者规模也不足。本书将为正在实施大众生产的国内企业（包括软件企业、网站企业、电子信息设备制造企业等）更有效地组织和激励大众进行大规模协作提供决策参考，这也将促进开源软件和维基产品的数量与质量的提高，推动我国的开源事业发展。

第3节　研究主旨与框架

本书对大众生产的模式与机制进行研究。其一，研究大众生产的组织模式特征、网络结构形式以及不同的大众生产组织表现形式，即研究大众生产组织是什么。其二，揭示大众生产组织内部的网络机制，解析社会网络的作用机制，实证研究网络机制与大众生产组织绩效之间的关系，即研究大众生产是如何组织的。具体包括以下研究内容，总体的研究框架如表1-1所示。

第一，大众生产的组织模式及价值创造过程。通过文献综述和理论演绎，研究了大众生产的概念、兴起的动因、竞争优势与组织模式分类等。大众生产的具体表现形式为众包、公民众包、众筹、顾客创新等。这部分内容主要在第2章。

第二，大众生产的网络机制。本书应用社会网络理论，尤其是网络嵌入理论，通过对大众生产社区参与者进行问卷调查获得数据，对大众生产组织的网络治理机制进行了实证研究。研究论证了大众生产网络的结构嵌入、关系嵌入与认知嵌入作用于协调、维护与激励三种组织行为，进而影响组织绩效，从而揭示大众生产的组织“黑箱”，回答大众生产之谜。这部分内容主要在第3章。

第三，大众生产具体形式的研究。大众生产的表现形式多种多样，很难用一种模式来概括大众生产的组织模式及价值创造过程。因而，本书分别研究了大众生产的具体表现形式：众包、公民众包、众筹、P2P金融、顾客创新等，并分别研究了这些大众生产表现形式的组织结构、组织过程以及商业模式。本书发现，大众生产的表现形式贯穿整个企业价值链过程。这些表现形式也是当前备受关注的互联网与产业融合的模式，如图 1-4 所示。这部分内容主要在第 4～7 章。

第四，研究影响大众生产的因素。具体包括：其一，从参与者个体出发，研究个体心理、动机和预期的内容，应用修正的技术采纳模型，研究众包参与者的行为影响因素；其二，从大众生产能够增强顾客个体心理体验的角度，研究了顾客创新、互动机制与顾客体验的关系；其三，虚拟社区也是影响大众生产的重要因素，研究了社区支持和管理员支持对大众生产的影响。这部分内容主要在第8～9章。

第五，大众生产的绩效评价研究。在本书的最后一章第 10 章，总体上对大众生产的效果做了评价研究。大众生产往往依托互联网虚拟社区这一载体来实施，Hippel 等学者将其称为用户创新社区，因而本研究在第 10 章构建了一套用户创新社区的评价指标体系。

表 1-1　本研究的主要内容和框架

	研究内容	包含章节
1	理论与现实背景及意义	第 1 章　导论
2	大众生产理论内涵	第 2 章　大众生产的内涵、形式与优势
3	大众生产的治理机制	第 3 章　大众生产的治理机制
4	大众生产的表现形式研究	第 4 章　众包及其影响因素研究 第 5 章　公民众包与公共管理创新 第 6 章　众筹与 P2P 金融及其模式 第 7 章　顾客创新及其对顾客体验的影响
5	影响大众生产的因素	第 8 章　顾客知识学习能力对大众生产行为的影响 第 9 章　虚拟品牌社区对大众生产行为的影响
6	大众生产的绩效评价	第 10 章　用户创新社区的评价指标体系构建

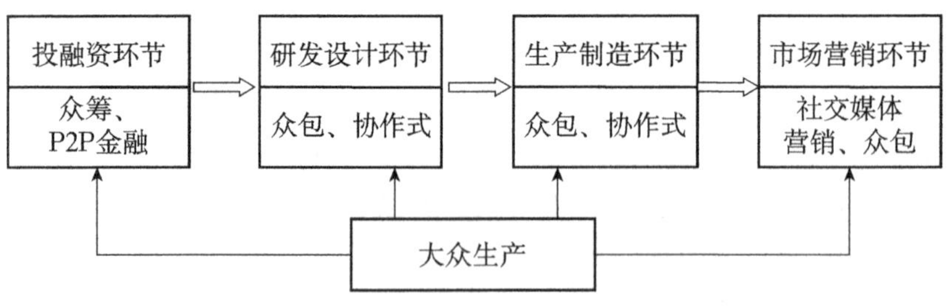

图 1-4　大众生产在企业价值链各环节的表现形式

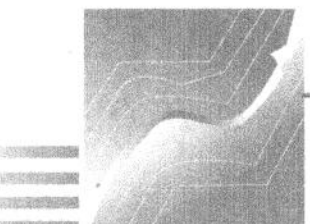

第 2 章 大众生产的内涵、形式与优势

第 1 节　大众生产的理论内涵

一、概念界定

大众生产的概念由美国学者 Benkler 于 2002 年首先提出，并不断得到深化（Benkler，2004，2006，2013，2016）。大众生产的基本定义是“分散在各地的众多参与者利用互联网共同协作式提供、分享产品，尤其是知识产品的生产模式”。本书采用常静、杨建梅等（2009）的译法，也有译作同侪生产（罗珉等，2007）或对等生产（卢军等，2009）。Lim（2008）把大众生产定义为通过大规模协作进行创新和价值创造的新形式。Bauwens（2009）认为大众生产是通过自动配置资源、相互适应与共同参与，产生公共品的自组织形式，进而认为大众生产具有三个互相关联的特点：其一，产品原代码或初始材料开放和免费提供；其二，生产过程表现为大众共同参与、协作；其三，产出公共品。他还提出了大众治理（peer governance）的概念，指在大众生产的核心管理者与大众参与者群体之间形成互相依赖的关系。

2016 年，Benkler 对大众生产做出了更为具体、深刻的定义：一种由在线群体实施的开放式创造和分享，这些群体通过去中心化的方式来设立和实现目标，利用多样化的方式，尤其是非经济激励的方式激励大众参与，使用非产权和非合同的方式进行治理和管理。总体来看，系统开放、参与人数众多、不追求经济报酬、大众自组织进行互动和协作是这一模式不同于企业组织也不同于市场机制的基本特点，由此大众生产成为互联网时代最典型的组织创新模式。

二、类型及形式

大众生产的表现形式丰富。目前对大众生产还没有公认的分类标准和严格的区分。Bauwens（2009）认为大众生产包括三种类型：产出公共品的大众生产、Web2.0 环境下的资源共享模式和众包。众包是企业的委托生产行为，不会产生公共产品，这是和其他大众生产形式的不同之处。Benkler（2016）则有不同意见，认为众包不是大众生产。Lim（2008）把大众生产分为开源和众包两种主要形式。Oreg 和 Nov（2008）把大众生产分为内容开放项目和开源软件项目。本书认为产出公共品是划分大众生产类型的重要标准，但不仅仅是产生公共品或者通过协作方式的才是大众生产，只要大众用户依托互联网进行信息、产品和资金的创造与分享就都属于大众生产。维基产品和开源软件都依靠参与者实施生产和创造活动，能够生成特定的产品并公共使用，以 YouTube、优酷网为代表的 UGC 模式则依靠用户贡献、分享影像等资料。另一个标准是参与者或生产内容的专业性程度，开源软件参与者都是专业的计算机人士，众包需

要参与者具有能够完成企业发包任务的专业技能，众筹需要参与者具有资金或者有一定的投资项目分析能力，相比而言，UGC 模式和维基产品需要的专业性较弱。大众生产的四种类型如图 2－1 所示，其对应的国内外典型案例如表 2－1 所示。

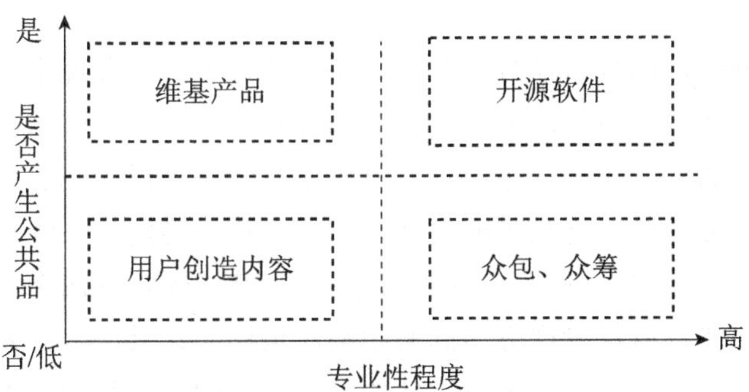

图 2－1　大众生产的四种类型

表 2－1　大众生产的国内外典型案例

	国外典型案例	国内典型案例
开源软件	Linux 及开源社区 SourceForge	开源中国社区
维基产品	维基百科	百度百科
用户生成内容	YouTube、Flickr	优酷网、豆瓣网
众包	InnoCentive、Yet2	任务中国网、猪八戒网
众筹	Kickstarter、Indiegogo	陆金所

本书认为可以根据价值链的环节对大众生产的具体表现形式做分类。大众生产的表现形式贯穿从投融资到研发设计、生产制造、市场营销等整个企业价值链过程。投融资环节对应众筹、P2P 金融，研发设计环节和生产制造环节对应众包、协作式大众生产，市场营销环节对应社交媒体营销、众包等，如第 1 章图 1－4 所示。

开源软件是大众生产最早出现也是最主要的类型，相对于直接对大众生产的研究，关于开源软件的研究较多。近年来，随着维基百科的快速发展，对其进行的研究越来越多。以下结合开源软件和维基百科的研究综述大众生产的组织模式和运行机制的研究现状。

三、组织模式

大众生产的分布式协作方式是在新的技术经济环境中产生的一种新的组织模式（Metiu，2006）。Raymond（1999）认为开源软件采用分布式的、民主的组织方式，更像是“一个巨大的、有各种不同议程和方法的、乱哄哄的集市，一个一致而稳定的系统奇迹般地从这个集市中产生了”。这种集市化的组织结构具有四个特征：其一，缺乏指导软件发展方向的集中的决策中心；其二，开发和改进同步进行；其三，用户参与软件的开发；其四，参与者根据自己的能力自己选择承担的任务。Demil 和 Lecocq（2006）提出了集市治理（bazaar governance）的概念，通过对集市治理与市场、层级和网络的比较分析认为集市治理具有三个特点：以开放许可作为特殊的合同关系、双边交易受到开源社群的影响、激励与约束机制较弱。虽然集市治理的激励和约束力都很弱，不确定性大，但是它能够降低交易和生产成本，有数量庞大的潜在参与者，形成了持续的互惠效应，因而集市治理有独立存在的逻辑。Seidel（2011）认为开源软件开发群体是一种新的组织结构，他将之命名为 C 型组织（C 源于 communication），并将其与传统的 M 型组织、网络型组织比较，总结了 C 型组织成员边界不固定、社区文化强等六个特征。

许多学者关注大众生产的自组织过程。Yu（2008）认为 Linux 软件系统的演化是该软件不断适应顾客需求的自组织过程，适应性自组织和增强性自组织相互交织。Lerner 和 Tirole（2002）发现不同软件的治理结构会有不同，但对决策机构的信任和决策过程的透明、委员会集体决策是它们共同的特点。Kuk（2006）则强调参与者间的互动机制。赵夫增等（2009）强调了协作机制。Vujovic 和 Ulhoi（2006）通过多案例研究指出开源软件的组织既不是完全的层级制，也不是完全的自组织。动态研究发现，开源软件的项目开发团队的组织结构并没有固定模式，是基于技术结构随着产品的发展而不断演变，因此比商业软件企业具有更强的创新能力（Bauer & Pizka，2003）。Lee 和 Chan（2004）从组织创新的角度通过实证研究认为开源软件开发群体是一个基于众多个人关系网络的创新模式。继而有学者认为开源软件的组织不仅是一个技术过程，也是一个社会化过程（Ducheneaut，2005；Qureshi & Fang，2011）。Benkler（2016）认为纯粹的大众生产组织是一个依赖互惠、公平等非正式规范来解决复杂问题的无领导社会系统。

对于维基百科，Tapscott 和 Williams（2006）用“维基经济”（Wikinomics）一词来概括维基的组织模式及其带来的经济效应，并出版了同名畅销书。他们认为大规模协作是维基百科根本性的组织特征，具有开源维基、创意集市、从事生产的消费者等 7 种形式。Spek 等（2005）提出维基百科采用自下而上的组织方式，是自组织的成功代表。Pentzold（2011）分析了维基百科参与者的共同规范和认知。Zhu 等（2011，2012）分析了维基百科社区中形成的领导力。卢军等（2009）强调了维基百科的大规模协作模式，认为这种模式同时实现了专业化分工和交易费用控制。对大众生产组织的研究也体现了动态性，Shaw 和 Hill（2014）、Loubser（2010）通过对维基百科的研究，认为随着项目的成熟，大众生产组织出现了逐步向层级制治理方式演化的趋势。

四、运行机制

第一，模块化被认为是大众生产实施的一种运行机制（Narduzzo & Rossi，2003；骆品亮，潘忠，2004）。Linux 等开源软件都能够分割成诸多模块，再由不同参与者群体进行开发；维基百科的每一个词条也都是一个模块。将任务分割成许多很小的任务，参与者无须付出大量成本，组织者也无须给予大量激励。由此可以得出大众生产运作的三个必要条件：任务必须是模块化的；每个模块任务比较小；整合成本较低。Tapscott 和 Williams（2006）也有相似观点：参与者进入门槛和付出的成本较低；任务模块化；产品的整合成本和质量控制成本应较低。模块化能够提高分工协作水平，使分布式创新（distributed innovation）和并行工程（concurrent engineering）得以实现。Weber（2004）在研究开源软件的《开源的胜利》（*The Success of Open Source*）一书中指出个体用户的分布式创新降低了交易成本和协调成本。Giuri 等（2010）通过实证研究得出一个观点：模块化程度、技能多元化程度与开源软件绩效成正比。Garzarelli 和 Galoppini（2004）发现即使在模块化的组织中也存在层级结构以协调生产过程中的连续变化。

第二，用户创新（user innovation）也是一个重要运行机制（Hippel，2001，2003b；Iivari，2010）。Hippel 认为个人需求的异质性推动了人们的参与，参与的初衷是更好地满足自己的需求，进而形成用户创新以及线上的用户创新社区。Raymond 提出“把用户当作协作开发者是快速改进代码的无可争辩的方式”。Kozinets（2008）进一步认为用户的集体智慧和创新造就了开源软件。许多创新学者和营销学者研究了用户创新和顾客创新，形成了用户创新理论，后文将对此做介绍。

第三，激励机制影响大众生产的可持续发展。与传统的企业组织给予经济激励不同，大众生产组织不给予金钱激励，不付给参与者薪酬。那么，人们为什么愿意无偿参与到开源软件中呢？Lerner 和 Tirole（2002）认为参与者作为使用者的收益、信任和声誉是对参与者的主要激励形式。Hippel（2003a）认为源代码开发者个人能获得声望、对技术的控制和学习三种收益。Lee 和 Cole（2003）、Hars 和 Ou（2002）、Lakhani 和 Wolf（2005）的实证研究发现，开源软件开发者的自愿贡献有内在的（利他主义、兴趣、互利）和外在的（提升工作和职业前景）原因。常静等（2009）则从社会动机和个人动机两方面进行归纳。Kuznetsov（2006）提炼出了维基百科参与者的主要动机：利他、互惠、社区感、声誉和自治动机。可见，维基百科与开源软件的个体参与动机相差不大，激励方式从经济激励转移到了社会与心理激励。以上是个体参与者的激励方式，企业参与大众生产的激励方式有些不同。Rossi 等（2006）、王钦等（2010）的实证研究证明企业参与大众生产的目的在于从新的商业范式中获利，Schweik 等（2012）认为主要是企业能够提高自身的创新能力、与其他企业的协作能力，避免依赖唯一的软件或其他产品提供商。

除了以上两个本书直接涉及的研究主题（组织模式、运行机制）外，大众生产的其他研究还涉及参与者特征、知识产权制度、技术使用、项目管理、质量控制、绩效管理、应用推广与商业化等。大众生产的整个系统可以用投入—过程—产出—投入的 IMOI 模型（Ilgen et al.，2005）来概括。大众生产有三种主要的投入要素：参与者、项目和技术。组织模式、社会化过程和项目生产过程是大众生产的运行环节，其产出是项目本身的绩效[①]、大众生产产出品商业化的绩效、又一种产出（社区的发展）。本书的定位和已有的关于大众生产的研究主题都能在图 2-2 中得到体现。从企业理论出发，兼顾存在的研究空缺，本书聚焦于大众生产过程中的组织模式和网络化、社会化的运作机制，即图 2-2 中灰色部分。

第 2 节　相关理论与概念

开源软件和维基百科等现象引起了创新、管理、营销等多个领域学者的研究兴趣，除了大众生产理论，不同的研究角度创造出诸多相关的理论和概念，如开放式创新、产消者、用户创造内容、分享经济、用户创新、价值共创等。本节简要介绍产消者、开放式创新和用户创造内容，重点介绍用户创新理论与价值共创理论。

① 例如，开源软件社区的点击率、参与者人数、软件编程的质量、错误被校正的及时性等。

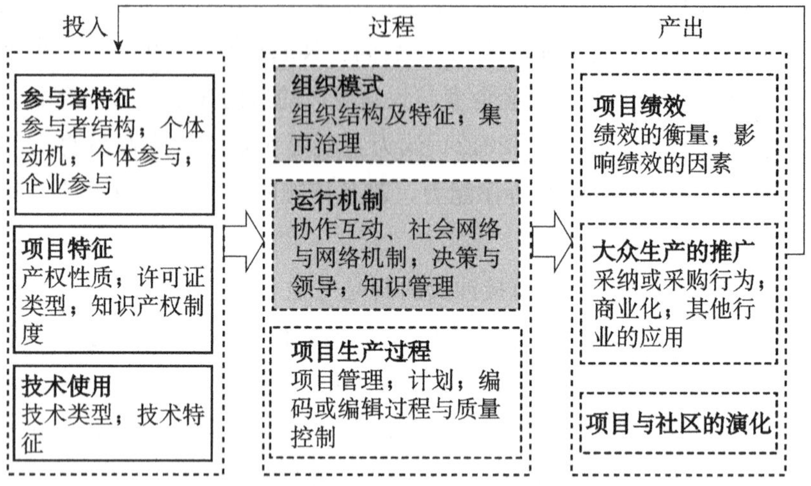

图 2－2　大众生产的研究内容及本书的定位

一、产消者、开放式创新、用户创造内容

产消者（prosumer）指参与生产活动的消费者，是生产者（producer）和消费者（consumer）的合成语。著名未来学家阿尔文·托夫勒在《第三次浪潮》中首次提出 prosumer 一词，他将那些为了自己使用或者自我满足而不是为了销售或者交换而创造产品、服务或者经验的人称为产消者。托夫勒在《财富的革命》（2006）一书中又提出"产消合一经济"（prosuming economy），并预测"即将发生产消合一大爆炸"，指出"产消合一"的重点将是"工作转嫁给顾客"。大众生产的参与者即产消者。

从 20 世纪 80 年代开始，学者对企业研发模式的研究视角由企业内部逐渐转向外部。Chesbrough（2003）认为，那些原先处于行业领导地位的企业未能从创新中获益，原因在于这些企业大多采用封闭式创新（closed innovation）模式，即企业主要依靠自己的创意和内部市场化途径，强调成功的创新需要强有力的控制。旧的创新模式已不再适合新的经营环境，一种新的创新范式——开放式创新

(open innovation) 取而代之。开放式创新理论强调创新的主体不仅是企业内部的研发人员，还包括外部的消费者、经销商、供应商等。大众生产也是一种开放式创新模式。

用户创造内容 (users generated content，UGC) 指在 Web2.0 环境下，广大网络用户以互联网为平台，公开发布或者通过互动、沟通而创造、分享的知识信息，包括文字、视频、音频、图片等多种形式。目前国内外 UGC 模式的网站或知识产品种类繁多，其中典型的包括 YouTube、Flickr、开源软件、维基百科、优酷网、大众点评网、豆瓣网、果壳网、百度百科、百度知道等，广义地讲，也包括博客、微博、社交网站等新网络媒体。UGC 模式自 2005 年 YouTube 推出之后迅猛发展，目前，基于 UGC 的网站和新媒体已成为主流的网络模式。UGC 是大众生产在互联网内容创造方面的一种表现形式。

与大众生产相似的一个概念是当前热度很高的"分享经济"。大众生产或分享经济都是在互联网时代背景下产生的经济现象，利用互联网平台和技术，基于互联网的连通性、互动性、便捷性等特性，体现出开放、共享的理念。但是，通过分析两者的类型和典型案例可以看出两者还是有较大区别的。大众生产的典型案例是：开源软件、维基百科、InnoCentive 众包平台等；分享经济的典型案例是：以 Uber、滴滴出行、神州专车为代表的在线汽车和劳动力分享，以 Airbnb、小猪短租为代表的在线房屋分享等。分享经济的类型有多种划分方法，根据分享经济渗透领域的不同，可以划分为交通出行、空间、金融、知识（教育）、美食、医疗健康、物品、公共资源和服务九类（倪云华，虞仲轶，2016）；Hamari 等（2016）根据交易过程中是否有所有权的转移将分享经济分为使用而非拥有型、转移所有权型。分享经济被定义为：通过互联网技术手段重新分配、利用或分享产品、服务的闲置部分，让个人、企业、非营利组织、政府等多方参与到分享、分配过程中，达到最大化利用资源这一目的 (Cohen et al.，2014；Hamari et al.，2016)。可见，分享经济侧重的是闲置产品和服务的再利用，大众生产侧重的是消费者大众利用集体智慧（collective intelligence）进行的产品和服务的创新与创造，有着独特的现实指向和理论范畴。

用户创新理论和价值共创理论同大众生产结合得更为紧密，其研究成果也更为丰富，是对大众生产研究的有益补充。

二、用户创新理论

谈到产品创新，一般都认为是由产品的制造商进行的。20 世纪 70 年代以来，国内外学者对创新的源泉提出了不同的看法。Hippel（1988）是最早对用户创新（user innovation）做较深入研究的学者，也一直在该领域进行研究，是用户创新研究的权威学者。1988 年他在对九个行业创新的调查研究的基础上提出了“创新功能源”的概念，他根据创新者与创新间的关系将创新功能源分为三类：通过使用创新获利的创新者称为用户创新，通过制造创新获利的创新者称为制造商创新，通过提供原料或配件获利的创新者称为供应商创新。Hippel（1988）指出用户创新是指产品或服务的用户对这些产品或服务所提出的新设想或进行的改进。也有学者对用户创新进行了狭义的界定，局限在制造产品并为自己使用的目的，例如吴贵生（1996）认为用户创新是指用户对其所使用的产品、工艺的创新，包括为自己的使用目的而提出的新设想和实施首创的设备、工具、材料、工艺等，以及对制造商提供的产品或工艺的改进。

本书采用 Hippel 的界定，用户创新不仅针对有形产品，也针对无形服务和信息产品，不仅为自己使用，而且为他人使用。与用户创新非常相似的一个概念是顾客创新（customer innovation），从 20 世纪 80 年代开始，许多营销学者对此进行了研究。[①] 用户与顾客的

---

① 其研究大致经历了三个阶段：一是从企业的视角研究顾客参与，该阶段主要从经济原理的角度，关注顾客参与对企业生产率的影响；二是从顾客的视角研究顾客参与，主要探讨顾客参与对顾客本身的影响，特别是对顾客感知质量和顾客满意的影响；三是从竞争优势的角度来审视顾客参与，强调鼓励顾客参与到价值创造过程，成为共同创造者将是取得竞争优势的关键。

区别在于：用户的概念侧重从使用的角度来描述产品接受方的角色，顾客的概念侧重从交易的角度来描述。对于信息产品来讲，许多用户虽没有购买产品，但免费使用产品，因而在本书中使用用户创新的概念。顾客创新的研究在许多方面与用户创新一致，因而下文对用户创新的研究综述也涵盖顾客创新的内容。

Hirschman，Burroughs 和 Mick 等一些研究用户行为的学者使用“用户创造力”（consumer creativity）来描述以新颖且有意义的方式进行与以前不同的消费活动或创造活动，更多强调用户与企业共同创造价值的行为。Hirschman（1983）把用户创造力界定为个体所具有的解决问题的能力，是可以用于解决与消费相关的问题的能力；他也发现用户的创造力与现代性（包括对新思想的开放性和对他人的容忍度等多维构念）、认知复杂性（在进行概念界定时所使用的属性或联系的数量）、寻求新的体验密切相关。Moreau 和 Dahl（2005）进一步对用户创造力的约束因素进行了创新性探索。

用户创新的研究与实践已经成为一种十分重要的普遍现象，在某些产业中，用户创新甚至是最重要的创新源泉。通过对国际上有关用户创新的研究进行梳理和综合分析不难发现：不仅在计算机、石油加工流程和科学仪器等领域，而且在滑板、雪橇和冲浪板等运动器械行业，用户创新都占据很大的比重。Hienerth（2006）认为企业通过用户创新可以降低研发成本，降低新产品开发的不确定性和风险等。Hippel（2007）认为用户创新是技术创新民主化的重要方面，它将有力地促进技术创新实践的发展，提高企业的创新效率。也有学者对用户参与创新的负面作用进行研究，Chan，Yim 和 Lam（2010）认为用户参与价值创造是一把双刃剑，它能够提高顾客的经济收益并加强顾客和员工的关系，但是也会给企业员工带来压力，降低员工的工作满意度。以下主要综述用户创新的动因、影响因素等方面的研究。

（1）用户创新的动因是该理论的重要研究内容。国内外学者从用户和企业两个方面研究了用户创新的动因。

1）从用户的角度来看。第一，用户创新的动因来自未被满足的需求。用户的需求差异正变得越来越大，出于风险和能力等方面的考虑，供应商可能无法或不愿意生产满足用户独特需求的产品，用户便开始参与到创新中。戴凌燕、陈劲（2003）认为与厂商相比，用户更清楚自己的需求，并且制造商需要用户需求达到一定规模才会进行设计研发，所以只有用户参与创新才能有效地满足个性化需求。徐岚等（2007）的研究指出，用户参与创新可以满足自身的认知需求和独特的体验需求。第二，用户创新是为了获得预期创新收益。用户作为创新者可以从使用该项创新中获益而不需要将创新推向市场，因此用户创新面临的风险比其他类型创新者要小一些。Luthje（2004）发现创新用户也可以从创新过程中获益，并感受到解决问题的乐趣；用户创新的收益既可以是直接的经济收益，也可以是无形的社会收益、心理收益或情感收益等。Luthje 和 Herstatt（2004）对工业品顾客和消费品顾客的创新动因进行了区分，工业品顾客的创新利益预期包括经济利益以及获得竞争优势，如低成本、高质量和新功能等；消费品顾客的创新利益预期则包括参与的乐趣、更好地使用产品、获得更高的名望，并且在用户的群体和社区（包括网络虚拟社区）中还能够获得归属感。

2）从企业的角度来看。用户的需求差异正变得越来越大，出于风险和能力等方面的考虑，或者由于市场调查本身的局限性，企业往往很难准确了解用户的需求，可能不愿意或无法生产满足小众用户群体独特需求的产品，这为用户自己创新技术和产品提供了直接动机。Hienerth 等（2006）研究发现企业通过用户创新可以显著降低研发成本，实现市场风险和技术风险最小化，处于领导行业前沿的用户在新产品开发过程中起了带头作用，并成为新兴产业的发起人和催化剂。

（2）许多学者研究了用户创新绩效影响因素。

1）用户方面。Hippel（1988）认为用户参与创新的主动性程度是影响用户创新绩效的重要方面，他提出产品设计中的“用户主导范式”以提高用户的参与主动性需求。Franke 和 Shah（2003）的实证研究表明创新动机对用户创新的绩效有显著影响。Nambisan 和

Baron（2007）认为，企业应当提高满足用户参与体验需求的能力，因为用户参与创新不仅可以获得解决问题后的满足和愉悦，还可以在参与过程中对复杂问题进行学习，用户参与体验需求的满足对用户的创新绩效有直接影响，并且用户自身的知识水平、经验和创造性认知对用户创新绩效有正向影响。

2）企业方面。企业的支持对用户创新绩效影响很大。Ganesan（1994）通过实证研究认为用户创新中用户对企业的依赖程度与双方的长期合作意向正相关，因此企业应当强化用户对本企业的依赖。Thomke 和 Hippel（2002）提出企业可以通过提供和运用某种用户界面友好的工具，把创新任务交给顾客来完成，这种界面友好的平台和技术就是用户创新工具箱（toolkits）。

3）用户与企业间的信息沟通和共享程度。由于用户信息具有黏性，信息的顺利转移会促进用户创新。以 Gibbert，Nambisan 为代表的学者从顾客知识的角度来进行研究。顾客扮演了知识创造者的角色，企业需要促使顾客把自己关于现有产品和技术及其使用的知识输出、转化，从而提升企业与顾客共同创新的能力。Matthing 等学者从学习的角度指出在产品与服务开发过程中向用户学习的必要性，他们通过实证研究认为，在开发过程中用户有时候比专业人员更重要，进而指出用户与企业间的相互学习是企业技术创新成功的保障。张素芳等（2008）研究发现制造商与用户沟通的频率与时机、态度与技巧等都会影响用户对产品的理解和参与意愿，进而影响用户创新绩效。

4）用户之间形成的虚拟社区、创新网络对用户创新也有正向影响。Hippel（2003b）研究发现想要用户创新网络发挥最大作用需要满足三个条件：用户有足够的动力参与创新；用户自愿分享创新成果；创新成果传播成本较低。他同时指出开源软件网络等正是用户创新网络的典型代表之一。

三、价值共创理论

传统的价值创造二分法理论认为生产和消费是两种孤立的活动，

生产活动由企业主导，生产者是唯一的价值创造者，消费活动由顾客参与，消费者是纯粹的价值消耗者。这种观点认为消费者并不创造价值，只是有可能影响价值的创造，这从著名的波特价值链模型就能得到印证。随着价值理论的不断演进和完善，价值创造逐渐由企业主导向顾客主导转变，不但生产活动能够创造价值，消费活动同样也是价值创造过程，消费者能够与企业共同创造价值。

价值共创（value co-creation），顾名思义，是指生产者和消费者合作共同创造价值。价值共创是企业塑造核心竞争力、维持创新能力并持续获得新的经济利益的来源。价值共创最早由 Prahalad 和 Ramaswamy 于 2000 年提出，他们认为价值共创是强调不断实现企业和消费者共同价值的企业战略，他们把市场看作企业和活跃的消费者之间通过新形式的互动、服务和学习机制来实现价值的一种彼此分享资源和能力的平台。[①] 个性化互动是价值共创的途径，是价值共创的基本实现方式。共同创造消费体验是消费者与企业共创价值的核心，价值共创贯穿顾客和企业互动与体验形成的整个过程。Payne（2008）更新了价值共创的定义，他认为价值共创是指存在至少两种自愿的资源整合者，通过个性化的互利合作最终实现彼此价值创造的一种交互式的过程。Gummesson 和 Mele（2010）进一步完善了价值共创的概念，提出了价值共创的概念框架和五个基本命题。他们认为价值共创的整个过程包括互动和资源整合两个阶段，并指出服务主导逻辑注重的使用价值和产品主导逻辑注重的交换价值都不能涵盖价值共创的内涵，他们从网络层面提出了情境价值（value in context）的观点，认为情境价值可以涵盖消费者导向的使用价值和生产者导向的交换价值，可以更加清楚地界定价值共创的内涵。Ind 等（2013）把价值共创定义为“企业和消费参与者共同合作创造收益，同时为利益相关者创造价值的积极的、有创造性的社会过程”。

---

① 共创价值的研究来源于一种以共同创造价值过程为依据的服务主导逻辑理念，它是价值共创理论产生的一个重要理论基础（Grönroos，2006）。

Heinonen 等（2009）提出顾客主导逻辑，他们认为价值是由顾客单独创造的，顾客将企业提供的价值主张作为生产资源投入日常生活实践，通过自己的认知、思考、感知、情感等活动进行价值创造。顾客独创价值由 Grönroos 和 Voima 于 2013 年在研究价值创造过程时提出，国内学者郑凯和王新新（2015）将其翻译为“顾客独创价值”。李耀等（2016）结合已有研究将其定义为“顾客在日常消费过程中进行的以产品为基础的自主生产创造行为，由顾客独立完成，企业并不参与”。顾客独创价值是顾客的自主创造行为，它受自我实现、刺激体验、知识获取等自主动机和独特需求、成本节约等受控动机的驱动，通过顾客间互动和顾客对操作对象的加工实现，创造过程包括顾客设计、顾客生产和顾客分享三个阶段。

国内学者张祥（2007）认为价值创造系统是一种开放系统，消费者作为一种重要的操纵性资源参与到价值创造过程中，与生产者一起成为价值的共同创造者。生产者与消费者通过不断互动、合作来共同创造价值，生产和消费过程相互融合，不再彼此独立，具体表现为消费者作为操纵性资源的拥有者加入价值创造系统，作为生产者的企业则通过提出价值主张、与消费者互动等方式加入价值创造系统中。Payne，Storbacka 和 Frow（2008）提出，企业不是为处于被动状态的顾客创造和传递价值，而是通过互动将价值嵌入到企业与处于积极状态的顾客之间的共同创造过程中。学术界开始关注通过“与消费者和合作者互动交换操纵性资源来共同构建独特体验”的价值共创过程，价值共创过程最终是为了共创价值。

根据企业和顾客两个主体在价值共创中的角色和发挥的作用，可以将价值共创分为两类，即生产领域的价值共创和消费领域的价值共创。也有另一种划分，Lanier 和 Hampton（2008）根据对市场资源的控制程度将由消费者参与的价值创造活动分为三种形式，分别是共同选择、共同生产和共同创造。共同选择是指消费者在生产者所提供的资源中进行选择，实现自我服务，此时消费者作为服务生产者低度参与到价值共创中，例如各种自助服务。共同生产是消费者参与到产品的研发或生产过程中，顾客作为信息创造者中度参与价值创造活动。这两者都属于生产领域的价值共创范畴。共同创造则是指消费者扩展或改变产品原本或预期的形式、用途或意义而创造价值。消费者作为产品或服务创新者参与到价值创造中，资源由消费者控制，消费者创造的内容（包括产品、环境氛围及体验等）能够超越企业的预期，这是价值共创的另外一种范式，才是真正意义上的价值共创。

第3节　大众生产的兴起动因与比较优势

一、兴起动因

大众生产的兴起源于大众参与式文化的流行和知识与能力的增强，也源于企业贴近市场、降低成本、提高竞争力的要求，网络信息技术为大众生产提供了平台，起到了巨大的推动作用。以下将从大众、企业和技术环境三种因素分别分析大众生产兴起的动因。

三种因素中，大众或消费者的观念与行为模式的改变是最为根本的，主要表现为以下几方面。第一，消费者更多地追求在参与中实现自我。大众生产的基点在于业余爱好者的参与。随着生活水平的提高，越来越多的消费者希望在工作之余能够发挥才能、获得体验。根据自己的兴趣参与知识和产品的创造活动正是消费者追求自我实现的途径。通过解决企业遇到的难题或创造个性化产品与新知识能够使他们获得成就感和满足，张扬个性。有学者将此概括为消费者的参与式文化（participatory culture）（Jenkins，2009）。参与式文化与消费文化相对，指个体或大众不只是纯粹的消费者，还是贡献者或生产者，即产消者（托夫勒，2006；孟韬，2012）。Jenkins

(2009) 界定了参与式文化的 5 个特点[①]，参与式文化主要是通过身份认同（正式或非正式的会员身份）、信息表达、集体解决问题、信息的传播等手段和方式来共同创造出来的。第二，消费者希望获得更多的话语权。随着消费者主权意识的增强和消费心理成熟度的提高，消费者不再满足于被动地接受企业传递的信息，还要求信息更加对称，地位更加平等，增加对自己所购买产品的认知，拥有更多的控制权，因而期望参与到产品的设计、生产、营销等环节中。第三，消费者知识与能力的提升为其参与企业的生产经营提供了条件。高等教育的普及使得以前富集于企业研究部门和科研单位的知识分布日益广泛，知识的创造和扩散速度也日益提高。消费者拥有了参与企业价值创造所需要的知识和技能，高素质的消费者群体能够保证大众生产的兴起与可持续发展。

从企业的层面来看，首先，企业希望通过消费者嵌入来降低研发成本与风险。企业将消费者嵌入组织中能更准确地挖掘消费者的需求，利用消费者的隐性知识和自身体验，更好地进行产品创新，缩短开发时间，降低开发成本。大众生产的表现形式之一的众包就是在这一动因推动下产生的。Hippel (2001) 认为“创新正在走向民主”“传统的企业往往采用先市场调研，再进行生产、市场推广，却不知这一过程已造成了巨大的浪费”，由此形成了用户创新理论、开放式创新理论。Hippel (2017) 在近期的研究中提出了“免费创新”(free innovation) 的概念和理论。其次，企业试图通过大众生产弥补企业内部资源不足，节省成本费用，提高经营效率。企业内部的人力和智力资本是有限的，大众个人和群体在传统组织之外的能力增长却是前所未有的（舍基，2009)。大众生产正好可以充分挖掘大众的集体智慧，也能够节省成本；企业还可以利用大众的社会网络，使大众在社交网站或虚拟社区中主动向其他成员传播商业信

---

① 这 5 个特点是：参与的门槛低；参与者乐于与别人分享自己的创作成果；拥有诸多非正式的富有经验的参与者能够将文化不断传承给新来者；参与者相信他们的付出是有意义的；参与者建立起一种与其他成员的社会联系，至少他们会比较在乎其他成员对自己创作内容的评价。

息，提高产品及企业信息传播的范围和有效性，降低营销成本，提高营销效率（孟韬，2012）。

从技术环境层面来看，Web2.0 环境是大众生产出现的技术背景。Web2.0 是对依赖用户参与、用户共享、用户互动的新一代互联网应用的统称。正是社交网站、即时通信软件、微博、RSS（简易信息聚合）、Tags（分类标签）等 Web2.0 的实践应用为大众生产模式提供了有力支持。网络通信技术使工作任务在空间上分散，即时通过互联网实现协调整合，极大地降低了企业与消费者、消费者与消费者间的沟通成本。在网络技术的支撑下，消费者之间以及企业与众多消费者之间的互动得以实现。

二、比较优势

对于大众生产的比较优势，在 Benkler（2016）研究的基础上概括如下：使用多种激励方式，由多样化、分权化的群体既不依靠价格机制也不依靠层级制而实施的开放式、协作式创新，这是大众生产优于企业和市场之处。具体体现在以下三方面。

第一，分散化决策和执行。大众生产依赖分散化的信息收集、交换和模块化生产，这能够降低参与者的不确定性，让个人充分发挥创造力；模块化生产降低了生产系统的复杂性，实现了并行生产，提高了生产效率；拥有大量的信息和备选人员，让大众生产模式得以持续。因而，大众生产尤其在知识和信息产品的生产中具有优势。

第二，使用以非经济激励为主的多种激励方式。大众生产的大部分参与者受利他主义、追求乐趣、获得归属感与成就感等动机的驱动，为了践行分享、自由、开放、协作的价值观，不为经济报酬（Lakhani，Wolf，2005）。也有参与者直接或间接地为了经济报酬，例如，许多众包参与者是为了直接获得发包者的奖赏；开源软件的部分参与者是因为参与开源软件开发能够留下利于未来职业发展的职业记录和声誉，间接地为了经济报酬。参与者还存在社交、自我实现等其他社会动机。现实中，一个参与者往往是受创以上多种

激励。

第三，不依靠产权和合同进行治理和管理。大众生产的参与者都是自发的，没有订立雇佣合同；依靠基金会和参与者的捐赠，没有资本投资意义上的产权。大众生产过程中也不存在依靠权威领导发命令指派或任务分配，参与者根据自己的兴趣和特长选择任务，避免了因人与任务匹配不当造成的损失，有效地识别和配置了参与者的创造力。大众生产不像公司和市场需要用契约和产权来设定资源边界，网络资源的边界不受限定，参与者可以根据需要自行选取和使用资源，使得人员对组织的资源能够更有效地使用。

Moore and Karatzogianni（2009），Orsi（2009）等学者还从政治经济学的角度认为以共有产权为特征的大众生产是对资本主义的组织方式和生产方式的挑战，大众生产不仅影响商业和媒体的发展，而且会促进社会民主进程。当然，大众生产并不会取代市场或企业来配置经济资源，也不总是知识和信息生产领域中最具效率的方式。大众生产也存在若干缺陷，主要包括两方面：一是对一些追求货币报酬的参与者给予的激励不足；二是产生了大量错误的或冗余的信息，降低了大众生产的质量和信誉（Benkler，2006），大众生产在发展过程中也需要不断完善。

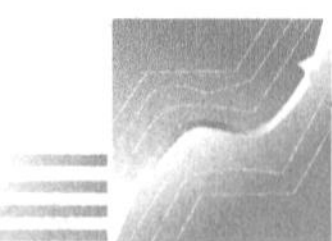

第3章 大众生产的治理机制*

大众生产的生产主体由分散于世界各地的成千上万参与者组成，他们基本上素未谋面，没有签订正式协议，没有产权关系，没有领导和行政命令，一般也没有经济报酬，仅通过互联网沟通，参与者可以随时随地不受限制地加入或退出。如此松散的组织何以能高效地产出高质量的操作系统、百科全书等公共知识产品？Benkler（2002）将其称为大众生产之“谜”。研究大众生产的治理机制是解答这一问题的关键。以往的研究大多集中在对大众生产参与者的参与动机、激励机制的研究，对其治理机制的研究明显不足。大众生产依赖于众多参与者之间的拓扑状的交叉互动关系，网络治理是大众生产得以组织并完成产出的内在

---

* 本章部分内容来源于：孟韬，孔令柱．社会网络理论下“大众生产”组织的网络治理研究．经济管理，2014（5）.

机制（Demil，2006）。本章旨在应用网络治理和社会网络理论揭示大众生产的网络治理机制，实证研究网络治理机制与大众生产组织绩效之间的关系，试图解答大众生产之“谜”。

第 1 节　网络治理与集市治理

一、网络治理与社会网络理论

在经济学的视角下，治理是指交易如何和为何能以各自特有的方式与组织制度相匹配的机理（Williamson，1979）。在社会学的视角下，治理是关系协调、权力分配的机理（Larson，1992）。因而，Williamson，Larson，Powell 等都将市场、层级和网络看作一种治理机制，形成一种三级治理框架。Hakansson 和 Johanson（1993）对治理机制按照内部力量、外部力量两个维度进行了分类（见图 3-1）。除了以上的三级治理框架，他们认为文化和一个特定行业内专业性的规则也是一种机制。

基于内部力量

基于外部力量	利益	规范
特殊关系	网络机制	层级机制
一般关系	市场机制	文化机制与职业机制

图 3-1　治理机制的分类

资料来源：Hakansson，H.，Johanson，J. The Network as a Governance Structure：Interfirm Cooperation Beyond Markets and Hierarchies，in The Embedded Firms，Grabher (Eds)，1993.

网络治理是网络组织研究的核心内容，许多学者都做了研究。网络治理的定义有很多，如表 3-1 所示。在一些学者的研究中，网络组织和网络治理是混同的概念。Jones 和 Borgatti（1997）明确提出了网络治理这一术语，他认为网络治理和网络组织不同，网络组

表 3-1 网络治理的不同定义

定义	提出者
协调经济活动的一种特殊形式，具有纵向或横向的交易模式，独立的资源流和交流的互惠	Powell（1990）
个人、团体和组织间的关系模式	Dubin，Aldrich（1991）
长期重复交换创造的组织间的相互依赖	Larson（1992）
社会系统中的行为者之间的关系结构	Nohria，Eccles（1992）
企业的簇群，或者是通过市场机制协调的专业化单位	Miles，Snow（1986，1992）
组成有边界或无边界的组织集合，即具有独立法律地位的组织的集合	Alter，Hage（1994）
非正式组织间的合作	Kreiner，Schultz（1993）
以正式或非正式方式组成的企业集合	Granovetter（1993）
由在共同规范和信任的基础上发生交易的个体组织组成的集合	Liebeskind，Oliver，Zucker，Brewer（1996）
特定的、持续的、有结构的组织群体，在社会合同和法律合同的基础上，适应环境的意外事件和协调、维护交易。	Jones（1997）
具有长久、互动的基础的自治行为主体之间的协商机制	Messner，Meyer-Stamer（2000）

织是一种组织形式，网络治理强调的是网络组织形成的过程和方法。从这些定义来看，它们关注的都是多个组织之间的互赖（interdependence）、互动与合作。Jones 对网络治理的定义比较全面，这个定义是：由从事产品和服务创造的自治的企业构成的特定的、持续的、有结构的组织群体（包括非营利组织），在隐性的、开放式的社会合同和法律合同的基础上，适应环境的意外事件和协调、维护交易。国内一些学者也提出了网络治理的定义，有代表性的是李维安、周建（2005）的定义：治理对象之间通过合作性协调实现组织目标的过程；组织成员之间相互独立又同时依存，以信任为基础相互交换资源，构成了网络治理的基本特征。网络治理本质上是在平等、自由、自治的基础上，为多元主体提供谈判、协商与合作的

平台，进而影响政策制定。网络治理区别于市场治理和行政治理，构成了协调经济行为、管理公共事务的另一种独特形式，在很多情况下各类组织通过网络治理创造的公共价值会比通过市场或行政治理创造的还要多（Powell，1990）。在网络治理中，除了传统的自上而下的层级结构和纵向的权力关系，还包含各利益相关者之间构成的横向合作关系。正是网络治理使得“利益相关者难题”得到解决；对利益相关者及他们之间的合作性互动活动的管理也被看作网络治理的内容。网络治理利用以信任与合作为机制的网络组织及集体理性来代替以控制与激励为机制的层级系统及个体理性，在整合、协调、维护经济活动方面具有以个体经济理性为基础的市场机制和层级机制不具备的优势，能够适应组织的复杂性、社会性和系统性，弥补传统治理模式无法对新环境和问题做出及时反应的缺陷，能够减少机会主义和道德风险，促成多边治理与监管结构。

对网络治理的理解不仅在企业组织之间关系的层面，网络治理还是一种在组织环境影响下产生的企业伦理（business ethics）及社会伦理的导向和公共治理形式（Calton，1995）。Nathan 和 Mitroff（1991）提出“协商的秩序”（negotiated order）来提炼网络治理这一层面的内涵。[①]仅从企业伦理层面来看，网络治理也可以看作通过互动、参与者导向、信任建立而形成社会契约（social contract）的过程（Macneil，1980）。网络治理的逻辑就是在组织之间有效的、长期的互动基础上形成和维护社会契约，以减少机会主义和道德风险。新古典经济学的代理理论及契约理论都是双边的（dyadic），即在同一时间两方交易的情况下进行研究，假设前提是个体的经济人

① 在政治学和公共管理领域，网络治理也是当前研究的热点问题。社会和政治领域的利益主体的机制不能仅依靠层级制和“看不见的手”，新的网络机制模式的逻辑是以谈判为基础，强调行为者之间的对话与协作。通过行为者之间持续不断的对话，产生和交换信息，增进了解，降低冲突，从而减少机会主义的危害，消除组织间的隔膜，凸显社会的民主特征。Sorensen（2002）在《民主理论与网络治理》中提出，网络治理强化了社会的民主性质。

理性，没有考虑到集体参与的情况下受集体理性而不是个体理性的约束，参与者对多个交易的或互动的对象具有的潜在的社会契约关系。正是由于网络理念的推动，代理理论及由此形成的公司治理理论试图摆脱双边关系的局限，不局限于层级制的框架下研究所有者与经营者的关系，不仅考虑股东利益，也考虑利益相关者利益。因而，近年来出现了利益相关者理论（stakeholder theory）、共同治理理论（mutual governance theory），它们与网络治理理论的联系也越来越密切。①

无论何种对网络治理的理解，都建立在社会嵌入（social embeddedness）思想的基石之上。在这一思想产生之前，Williamson 等从交易成本的角度研究治理模式，他强调治理中的激励结构（incentive structure）和控制强度（control intensity），即使做出了一些关于网络的研究，也是基于交易成本的，并没有深入分析网络治理是如何连接、协调、维护交易的，而且主要限于双边交易，而不是整个网络的结构和组织。1985 年 Granovetter 提出社会嵌入概念，指出企业的经济行为嵌入社会关系中，受到社会关系的影响。随后引导大批学者从社会关系及其形成的网络结构的视角来阐释网络治理的作用机理，从而促使社会网络理论逐步成熟。

Burt（1992）认为在经济活动的运作过程中，会形成一个产品交易市场之外的社会市场（social market），成员在此网络中发展相互的关系，并交换或奉献与组织有关的信息。Powell（1990）指出经济交换方式必须嵌入特定的社会背景来解释，信息沟通的方式是治理的一个重要因素。除了对社会关系，尤其是人际关系的关注外，重视网络整体结构分析也是社会嵌入思想以及社会网络理论带来的新视角。在企业间的网络组织中，企业不仅实现网络中资源的整合和转换，也完成信息与知识的交流和沟通。信息、知识以及其他各

① Calton（1995）认为正是网络治理使得“利益相关者难题”（stakeholder paradox）得到解决。利益相关者的管理和组织间的合作性互动活动的管理也就被看作网络治理的内容。

类资源在网络中的流动方向、速度、汇聚点取决于网络的结构和企业嵌于网络中的位置和程度，即一个企业与其他企业在经济和社会两个层面互动的水平形成了它在网络中的地位，特定的地位极大地影响着该企业的行为和绩效。

Granovetter（1992）还将社会嵌入分为两种类型：关系嵌入和结构嵌入。关系嵌入是指双边交易中交易双方因人际关系而产生的信任、信息共享等；结构嵌入是在整体网络结构下，群体的关系与治理对交易关系的影响。这种划分与社会网络理论的社会关系、网络结构两个研究主线是一脉相承的。分析社会关系和网络结构成为当前对网络组织的网络治理研究普遍使用的方法。

二、集市治理及其与网络治理的关系

集市治理（bazaar governance）是对大众生产独特的治理机制最为精辟的分析和概括。开源运动的主要领导者 Raymond（1999）在其著作《大教堂与集市》中使用集市（bazaar）一词来比喻大众生产的组织特征。对应大教堂式的企业，Raymond 认为开源软件采用分散的、民主的组织方式，更像“一个巨大的、有各种不同议程和方法的乱哄哄的集市，一个一致而稳定的系统奇迹般地从这个集市中产生了”。这种集市化的组织结构具有四个特征：缺乏指导软件发展方向的集中决策中心，开发和改进同步进行，用户参与软件的开发，参与者根据自己的能力选择承担的任务。Demil 和 Lecocq（2006）在《既不是市场、企业，也不是网络：新兴的集市治理》一文中提出了集市治理的概念，Bauwens（2009）根据“大众生产”一词提出了相似的概念大众治理（peer governance），指在大众生产的核心管理者与大众参与者群体之间形成互相依赖的关系。Demil 和 Lecocq 通过集市治理与市场、层级和网络的比较分析认为集市治理具有三个特点：以开放许可作为特殊的合同关系；双边交易受到开源社群的影响；激励与约束机制较弱。虽然集市治理的激励和约束力度都很弱，不确定性大，但是它能够降低交易和生产成本，具有数量庞大的潜在参与者，形成了持续的互惠效应，因而集市治理有独立存在的逻辑（Demil，Lecocq，2006）。本节对集市治理与其他治理模式进行了比较，如表 3-2 所示。

表 3-2　集市治理与其他治理模式的区别与联系

	企业治理	市场治理	网络治理	集市治理
契约类型	雇用契约	交易契约	隐性契约	开放许可
协调机制	行政命令	价格机制	信任关系	信任关系
主体选择	选择成员	选择交易对象	限制性进入	系统开放
运行机制	专业化分工	供求关系	互惠、共同规范等	互惠、共同规范等
产权特征	产生私有产权	产生私有产权	产生集体产权	部分产生公共产权

集市治理是不是一种与企业治理、市场治理、网络治理并行的治理模式呢？本节认为集市治理与企业治理和市场治理的区别是明显的，但与网络治理的区别不明显，可以看作网络治理的一种特殊形式。首先，集市治理与企业治理相比，不存在层级结构、雇佣关系和行政命令机制，没有能够发号施令的权威人员，大众生产的社区都不是具有法人资格的企业。其次，与市场治理相比，集市治理中的信息资源是免费共享的，存在信息资源的交换，而不是基于价格机制的交易；参与者的行为主要来自内在动机，如兴趣、利他主义，而不是市场机制中的追求自身利益。Lee 和 Cole（2003），Hars 和 Ou（2002），Lakhani 和 Wolf（2005）的实证研究发现，开源软件开发者的自愿贡献有内在的（利他主义、兴趣、互利）和外在的（提升工作和职业前景）动机，内在的更为重要。最后，网络治理依赖信任关系、互惠、共同规范等（Powell，1990），集市治理在没有经济激励和行政控制的情况下，也是依靠成员在社会性动机下接受开放许可形成共同规范后达成的互信与互惠机制。从这一点讲，集市治理的实质就是网络治理。所不同的是，为了具有一致的共同规范而采取的限制性进入是网络的一大机制（Jones，1997），相对而言，集市——这个特殊的网络——的开放性更强，对进入该网络的

成员的限制性要求不高。实际上，集市存在接受开放许可的准入要求，集市也不是完全开放的，因而这个不同点也不是根本性的差异，完全可以将集市看作一种特殊的网络，集市治理也是网络治理的特殊形式。

三、大众生产的网络治理机制

本研究将大众生产的组织视为利用互联网长期通过社会关系、互动、信任、协商、非正式控制形成协作网络，这就是大众生产的网络治理。大众生产之所以没有依靠企业的行政机制，也没有依靠市场的价格机制，而能够产生绩效、持续发展，就在于参与者的人际关系和整个虚拟社区的网络结构以及协调、维护、信任等网络治理机制发挥着重要作用。因此，大众生产组织通过社会资本（social capital）的提高，减少了交易和协调成本，并通过大众的知识数量和多样性，促进了知识生产和价值创造。无论集市治理是不是独立存在的治理形式，Demil（2006）承认网络治理机制，而不是层级制和市场机制，是大众生产得以组织并完成产出的内在机制。

社会网络理论的研究对象是行动者之间的关系和整体网络的结构，这与其他关注个体的内容和特征的研究有明显区别。起源于社会学的社会网络理论已逐渐成熟，作为一种研究范式影响着其他学科和领域。社会网络理论的权威学者 Wellman（2001）在《科学》杂志发表的论文中提出依赖互联网形成的群体或者计算机网络实质上也是社会网络。将社会网络理论应用于依赖互联网进行互动协作的大众生产组织具有适用性。

社会网络理论涵盖诸多理论观点，本书主要应用嵌入理论。Granovetter（1985）提出了嵌入理论，主要思想为：经济行为嵌入社会结构，即经济行为是在社会网络的人际互动过程中做出决定的。这一论断的提出成为社会网络理论和新经济社会学的理论基石。Granovetter 进而将嵌入分为两种类型：结构嵌入和关系嵌入。结构嵌入将网络视为一个整体，关注网络主体在网络结构整体中的位置等特征；关系嵌入强调网络主体间的互动关系，包括联系内容、形式与方向等。Nahapiet，Ghoshal（1998）提出了第三种嵌入——认知嵌入，它衡量个体所处圈子的认知范式，即是否拥有共同愿景、规范和价值观等。无论哪种嵌入形式，都引致了信任的产生，信任被普遍认为是网络治理的核心机制（Powell，1990；Pollitt，2002）。在此基础上，本书初步构想大众生产通过结构嵌入、关系嵌入和认知嵌入三种形式形成网络治理机制，并作用于大众生产的组织行为，进而使大众生产组织可持续发展、产生绩效。由于大众生产的网络社区是开放式的，参与者可以随意加入和退出，因而参与者的持续参与意愿是大众生产绩效的关键影响因素。本书侧重从组织角度进行研究，借鉴 Wu 等（2007）的研究方法，将持续参与意愿而非一般的项目绩效或经济绩效作为被解释变量，将三个嵌入维度作为解释变量，并探讨组织行为所起的中介作用。以下具体提出研究假设并做出实证研究。

第 2 节　理论综述与研究假设

一、网络嵌入维度与持续参与意愿

本节对结构嵌入、关系嵌入、认知嵌入分别采用网络中心性、关系强度、认知水平三个变量进行测量。网络中心性是用来判断网络中的个体在整个网络中是否有许多联结，处于中心位置的指标（Wasserman，Faust，1994）。本节采用网络中心性的点度中心性（Freeman，1979）。关系强度是衡量网络内个体间关系密切程度的指标，按照连接程度的不同，一般分为强连接和弱连接（Granovetter，1973）。强连接指网络个体间联系较为频繁、信任程度较高；弱连接指网络个体间的联系较为松散，频率较低。一般认为，网络内个体的关系强度越强，越容易获取网络内的资源。Granovetter 使用关系的频率和持续时间、情感紧密性、熟识程度（相互信任）以及互惠服务等测量关系强度。Burt（1992）提出了判断关系强度的两个指标：联系频率和感情的接近程度。认知水平方面，分析的重点是参与大众生产的个体是否在价值观、愿景、道德规范等方面具有共同的认知。Rossi等（2006）提出虚拟社区的规范和价值认知对参与者的影响程度因人而异，赞同开源软件价值观的参与者就是受影响最深的群体，他们高度信奉开源社区的合作、分享、开放、免费的精神。Hertel等（2003）针对Linux系统内核开发人员的研究认为社区身份认同是对参与行为有影响的最重要因素。

国内外学者对网络嵌入维度与员工满意度以及留职意愿、组织承诺的关系进行了大量研究。虽然这些研究针对一般性的企业组织，但对于依赖互联网虚拟社区的大众生产组织也适用。首先，在结构嵌入方面，Roberts和O’Reilly（1979），Brass（1981）都较早地发现在沟通网络中没有连接的人的工作满意度低于有连接的参与者，位于网络中心的员工具有较高的工作满意度。进而，网络中心性与离职意图和行为之间存在负相关关系（Feeley et al.，2010）。其次，关系嵌入方面，内部网络关系越强，同伴之间越能产生信任，从而降低离职意愿（Moynihan，Pandey，2007）。于海波等（2007）通过实证研究证明组织信任对个体的工作满意度、情感承诺有显著的正向影响，对离职意向都具有显著的负向影响，组织信任对工作满意度、情感承诺与离职意向都具有显著的调节作用。最后，认知维度方面，Shore等（1991）研究认为文化认同、组织支持感与工作满意感之间存在显著的正相关关系。谭小宏等（2007）对国内企业的研究也证明了这一点。基于以上分析，本章提出如下假设：

H1a：大众生产网络的结构嵌入正向影响参与者的持续参与意愿。

H1b：大众生产网络的关系嵌入正向影响参与者的持续参与意愿。

H1c：大众生产网络的认知嵌入正向影响参与者的持续参与

意愿。

二、网络嵌入维度与组织行为

以往一些研究关注网络嵌入对知识获取、知识转移、吸收能力的影响，进而影响组织绩效。本书侧重解析大众生产的网络治理机制，因而考虑将组织行为作为中间变量，考察三种嵌入维度如何影响组织行为，进而影响参与者的持续参与意愿。Jones（1997）关于网络治理的经典研究认为网络治理通过参与者间的协调和维护发挥作用。Sagers，Wasko（2004）通过研究开源社区成员间的协调、维护构建了开源社区的网络治理模型。本书认为参与大众生产项目并不能获得直接物质报酬，其他形式的激励对参与者的持续参与意愿也有重要影响；对大众生产这种开放式、自由参与的组织形式来讲，激励新成员加入或激励已有成员持续参与非常重要。因而，本书认为作为中间变量的大众生产组织行为主要通过协调、维护和激励三种行为和机制来进行。

首先，协调行为重点分析网络组织成员之间在进行信息和技术交流时沟通和处理问题的行为与水平。大众生产参与者大多素不相识，主要通过网络虚拟社区进行沟通和协调。大众生产项目是众多参与者协调产出的结果，其项目质量直接反映了参与者间协调水平的高低。开源社区内协调的程度直接表现为开源项目的质量和修复、反馈的沟通时间（Hossain，Zhu，2009）。本书对大众生产的协调行为分别从技术协调和行政协调两个角度进行测量。其次，大众生产没有依赖正式组织却能取得重大成功，其维护行为异常重要。Glen等（2004）指出开源社区的维护行为本质上是避免组织内个体采取机会主义行为对集体利益造成损害，他同时指出，维护行为是对开源项目参与者间冲突的管理、协商以及建立社区规则和程序等，以确保开源项目能够持续进行下去，他采用冲突管理和程序规则制定两方面指标对维护行为进行测量。最后，激励行为重点分析参与者参与大众生产所受到的激励。虽然参与者往往不能直接得到相关的

物质激励，但其他形式的激励起到很大的作用。Lerner，Tirole（2002）研究发现使用开发出来的软件获得的效用、取得同行的信任以及声誉是对开源社区参与者的主要激励形式。Hippel（2003）认为源代码开发者能够获得声誉、技术控制和学习等收益，所以乐于参与其中。Kuznetsov（2006）认为利他、互惠、社区感、声誉和自治等是维基百科参与者的主要参与动机。Hertel，Niedner 和 Hermann（2003）通过对 141 位 Linux 内核开发小组参与者的调查发现，其动机在于他们认为自己推动社会向好的方向发展，为社会进步做出了贡献。国内学者常静，杨建梅（2009）从社会动机和个人动机两个方面对参与动机进行了归纳。

在大众生产的网络嵌入维度与组织行为的关系方面已有一些研究，但缺乏系统性。首先，结构嵌入方面。Hossain 和 Zhu（2009）采用社会网络方法研究了网络结构对开源软件开发团队协调的影响，结构变量采用网络密度、点度中心性和中介性，协调质量则采用编码质量、反馈时间等测量。研究发现，点度中心性和中介性与开源社区的编码质量正相关，网络密度与编码质量负相关。Barbagallo 等（2008）研究发现开源项目的中心性与项目成功率正相关，与吸引新参与者参与的能力正相关。Glen 等（2004）研究发现开源社区中结构嵌入的程度影响参与者对彼此技能和价值观的了解程度，进而影响项目合作中的协调程度和项目的成功。周明，张科（2009）通过研究虚拟社区参与者的结构特征认为社区内部的结构特征影响社区的正常管理和维护。其次，关系嵌入方面。关系嵌入与结构嵌入注重个体间联系的数量不同，关系嵌入更注重联系的质量，信任、承诺和组织归属感等关系的强度能够对协调与维护产生很强的积极作用（Jones，1997）。强关系导致的信任也能够产生激励，由此形成了信任的一种类型——激励性信任（incentive trust）。最后，认知嵌入方面。Bergquist，Ljungberg（2001）认为开源社区网络中的新人在参与开源项目之前就认真思考了开源的文化和基本原则，对这些文化和原则的认知影响到后续开源活动。许多程序员将开源社区视作一个大家庭，并为整个团队的利益和社区目标而奋斗，正是基于以上共同认知，开源社区成员之间才能更好地协调和维护（Hars，Ou，2002）。基于以上分析，本章提出如下假设：

H2a：结构嵌入正向影响大众生产的协调行为。

H2b：结构嵌入正向影响大众生产的维护行为。

H2c：结构嵌入正向影响大众生产的激励行为。

H3a：关系嵌入正向影响大众生产的协调行为。

H3b：关系嵌入正向影响大众生产的维护行为。

H3c：关系嵌入正向影响大众生产的激励行为。

H4a：认知嵌入正向影响大众生产的协调行为。

H4b：认知嵌入正向影响大众生产的维护行为。

H4c：认知嵌入正向影响大众生产的激励行为。

三、组织行为与持续参与意愿

开源社区参与者在协调和维护的过程中，其自身的技术能力得到了展现和提升，自我成就感得到了满足，因此愿意持续参与（Hars，Ou，2002）。Hars 和 Ou 还将开源项目参与者的基本动机归为马斯洛需求层次理论中较高层次的尊重需求和自我实现需求，这种动机也导致了持续参与意愿。Wu 等（2007）的研究明确表明多种激励形式促进了开源软件开发者的可持续参与意愿。刘兰、孙坦、黄国彬（2009）研究发现开源软件参与者受到社区默认的规则约束，如自愿参与、同行评议、参与者分级制度和任人唯贤的人事制度等，这些制度和规则是开源社区协调、维护和激励的重要手段，对组织绩效以及可持续参与意愿产生重要的正向影响。基于以上分析，本章提出如下假设：

H5a：大众生产网络的协调行为正向影响参与者的持续参与意愿。

H5b：大众生产网络的维护行为正向影响参与者的持续参与意愿。

H5c：大众生产网络的激励行为正向影响参与者的持续参与意愿。

在以上文献综述和理论演绎的基础上，本研究以结构嵌入、关系嵌入、认知嵌入三个网络嵌入维度为自变量，以协调、维护、激励等组织行为为中间变量，大众生产参与者的持续参与意愿为因变量，检验三个自变量通过中间变量对组织绩效的影响程度。构建的整体理论模型如图 3－2 所示。

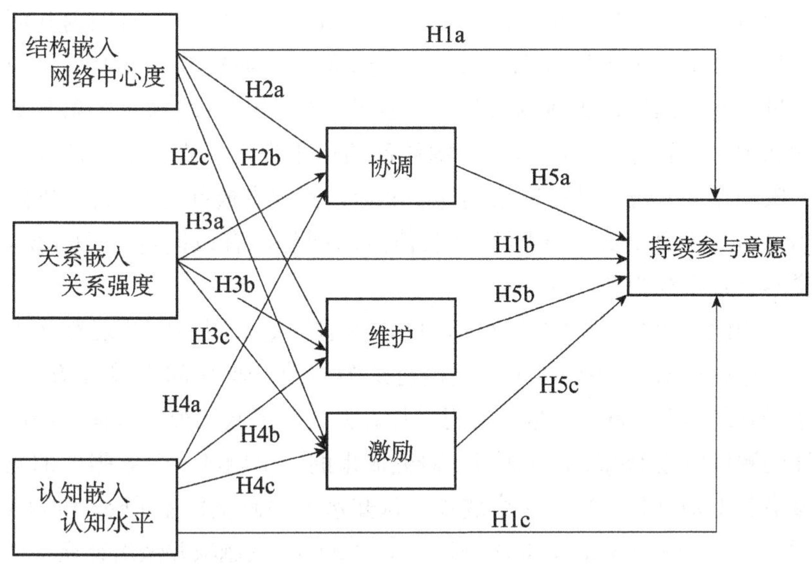

图 3－2 大众生产网络治理机制的理论模型图

第 3 节 研究设计与结果

一、研究设计

以 Linux 为代表的开源软件是大众生产组织模式创造的典型产品，本节针对 Linux 等开源软件的开发参与者进行调研及实证研究。Linux 以免费开放源代码、大众协作编程的形式开发，吸引了全世界数十万的志愿者参与该软件的开发、修改和维护。根据全球权威的信息咨询公司 Gartner 的统计，2015 年底，Linux 操作系统在服务器市场占据的市场份额为 16.7%，Windows 为 53.7%，Linux 已是 Window 强有力的挑战者；网络服务器开源软件 Apache 已在市场中占据了绝对统治地位。汇集开源软件的网站 SourceForge 在 2016 年底拥有 43 万个开发项目，比十年前增加了 5 倍多。

本书采用问卷调查的方法收集数据，在 2012 年 6—9 月采用网上调研与实地调研两种方式进行问卷调查。网上问卷是对国内开源项目社区 Linux 人以及 Linux 软件 QQ 群、开源客客 QQ 群等参与者进行网上调研，实地调研是对大连软件园 IBM、埃森哲、东软等知名国内外软件企业参与过开源软件的员工进行调查。本次调查共回收问卷 299 份，其中网络问卷 249 份，实地发放问卷 50 份，剔除信息填写不完全或存在明显虚假信息的问卷，有效问卷共 263 份，样本有效率约为 88.0%。

为确保测量工具的效度和信度，本书尽量采用国内外现有文献使用过的量表，根据具体情况进行适当修改。具体问卷设计方面，本研究采用李克特 7 分量表进行设计。大众生产网络维度方面，中心度的测量借鉴 Batjargal（2001）研究成果的 4 个题项；关系强度的测量借鉴 Burt（1992）的 4 个题项；认知水平的测量借鉴 Oreg 和 Nov（2008），Hars 和 Ou（2002），Rossi 等（2006）的题项并做出补充。组织行为方面，协调行为的测量借鉴 Glen 等（2004）研究形成 10 个题项；维护行为的测量借鉴 Glen 等（2004）研究成果提出 5 个题项；激励行为的测量借鉴 Lerner，Tirole（2002），Hippel（2003a）研究提出 6 个题项。大众生产的组织绩效方面，参与者的持续参与意愿的测量借鉴 Wu（2007）、谭佳佳（2008）研究提出 3 个题项。为了提高问卷的信度与效度，在问卷正式定稿及调查之前，选取了 30 名大众生产社区参与者进行问卷的预测试和访谈，认真听取了相关人员对于问卷设计的意见，对问卷中的相关题项进行了调整。

二、研究结果

（一）量表信度、效度检验

本研究采用 Cronbach's a 信度系数法检验各题项的内部一致性。

如表 3－3 所示，各变量的 Cronbach's α 系数均超过 0.70，且最低值为 0.839，表明量表具有较高的信度。

表 3－3　各变量的信度

变量	题项数	Cronbach's α
网络中心度	4	0.897
关系强度	4	0.909
认知水平	7	0.921
协调行为	10	0.930
维护行为	5	0.909
激励行为	6	0.839
持续参与意愿	3	0.874

本书采用 KMO 检验和 Bartlett 球形检验对量表的效度进行分析。通过运用 SPSS17.0 的因子分析法，得出 KMO 值为 0.833，大于 0.5，并通过了 Bartlett 球形检验，检验的显著水平为 0.000，小于 0.001，表明数据具备因子分析的条件。因子分析中，使用主成分分析和正交旋转，取特征值大于 1 的主成分作为因素，得到 4 个因素。为了保证研究的内容效度，删除了因子负荷小于 0.5 的两个题项，其余题项的因子负荷的最小值为 0.641，表明本量表具有较好的构建效度。

（二）数据分析与解释

本研究运用结构方程模型对理论模型中各变量间的相互影响关系进行分析并进行假设检验。使用结构方程回归分析软件 Amos7.0 对初始模型进行了拟合，结果表明以下四组变量的影响关系不显著，它们是：结构嵌入到持续参与意愿、关系嵌入到持续参与意愿、结构嵌入到维护行为、结构嵌入到激励行为，除此之外的假设路径均为显著。根据拟合规则，剔除这四组路径，进行再次拟合。修订后的模型拟合指标值如表 3－4 所示，卡方值与自由度比（Chi-square/d. f.）为 2.458，拟合优度系数（GFI）为 0.760，修正拟合优度系数（AGFI）为 0.726，模型比较适合度（CFI）为 0.914，近似误差均方根（RMSEA）为 0.075。各项拟合指标均达到可接受水平，并优于初次拟合结果，说明整体模型的拟合度较好。

表 3-4　整体理论模型的拟合度评估表

指标	评价标准		拟合指标值	结果
	可以接受	好		
Chi-square/d. f.	<3.0	越小越好	2.458	满足
GFI	[0.70-0.9]	>0.9	0.760	满足
AGFI	[0.70-0.9]	>0.9	0.726	满足
CFI	[0.70-0.9]	>0.9	0.914	满足
RMSEA	<0.1	<0.08，越小越好	0.075	满足

变量之间的标准化路径系数及其相应的 P 值如表 3-5 所示。从表 3-5 中可以看出：（1）结构嵌入显著影响协调行为，协调行为显著影响持续参与意愿，相应的路径系数均达到显著性水平（$P<0.01$），假设 H2a、H5a 获得支持；关系嵌入显著影响维护行为，维护行为显著影响持续参与意愿，相应的路径系数均达到显著性水平（$P<0.01$），假设 H3b、H5b 获得支持；关系嵌入显著影响激励行为，激励行为显著影响持续参与意愿，相应的路径系数均达到显著性水平（$P<0.01$），假设 H3c、H5c 获得支持；关系嵌入显著影响协调行为，假设 H3a 得到支持；认知水平显著影响协调行为、维护行为、激励行为和持续参与意愿，相应的路径系数均达到显著性水平（$P<0.01$），假设 H4a、H4b、H4c 和 H1c 获得支持。（2）结构嵌入对维护行为、激励行为影响不显著（$P>0.05$），假设 H2b、H2c未获得支持；关系嵌入对持续参与意愿影响不显著（$P>0.05$），假设 H1b 未获得支持；结构嵌入对持续参与意愿影响不显著（$P>0.05$），假设 H1a 未获得支持。（3）在全模型中，结构嵌入与持续参与意愿之间，结构嵌入与维护行为和激励行为之间的路径系数不显著（$P>0.05$），说明协调行为在结构嵌入与持续参与意愿关系中起完全中介作用；关系嵌入与持续参与意愿之间的路径系数不显著

($P>0.05$)，说明协调行为、维护行为、激励行为在关系强度与持续参与意愿关系中起完全中介作用；认知嵌入既直接影响持续参与意愿，又通过协调行为、维护行为和激励行为作用于持续参与意愿。

对于协调行为在结构嵌入对持续参与意愿影响中扮演完全中介作用，本书认为，中心位置的参与者在网络中获得信息的渠道和沟通机会远大于一般的参与者，因此在与其他参与者进行工作协调时往往能够更快、更高效地完成任务，从而产生内心的满足感和成就感，激发其继续参与其中。对于协调行为、维护行为、激励行为在关系嵌入对持续参与意愿的影响中扮演完全中介作用，本书认为，与网络中其他个体交流越频繁、信任感更强的个体，对彼此更加了解和熟悉，面对工作中的冲突能够更好地协调和解决，并且网络中的个体关系越亲密，了解程度越高，激励对成员产生的效能越大，从而提高参与者的参与积极性。

表 3-5　理论模型的拟合结果和假设验证

假设	作用路径	路径系数	P 值	检验结果
H1a	结构嵌入正向影响持续参与意愿	0.038*	0.566	不支持
H1b	关系嵌入正向影响持续参与意愿	0.105*	0.301	不支持
H1c	认知嵌入正向影响持续参与意愿	0.254**	0.001	支持
H2a	结构嵌入正向影响协调行为	0.356**	0.000	支持
H2b	结构嵌入正向影响维护行为	0.067*	0.321	不支持
H2c	结构嵌入正向影响激励行为	0.066*	0.325	不支持
H3a	关系嵌入正向影响协调行为	0.505**	0.000	支持
H3b	关系嵌入正向影响维护行为	0.522**	0.000	支持
H3c	关系嵌入正向影响激励行为	0.323**	0.000	支持
H4a	认知嵌入正向影响协调行为	0.378**	0.000	支持
H4b	认知嵌入正向影响维护行为	0.278**	0.000	支持
H4c	认知嵌入正向影响激励行为	0.397**	0.000	支持
H5a	协调行为正向影响持续参与意愿	−0.239**	0.004	支持

续表

假设	作用路径	路径系数	P 值	检验结果
H5b	维护行为正向影响持续参与意愿	0.368**	0.000	支持
H5c	激励行为正向影响持续参与意愿	0.667**	0.000	支持

* 表示 $P<0.05$；** 表示 $P<0.01$。

第 4 节　结论与建议

一、研究结论

依赖互联网的大众生产是一种 Web2.0 环境下通过个体参与者之间紧密互动而进行的知识创新的新模式。这种创新模式超越了组织边界和国界，使众多用户和大众参与其中，形成了独具特色的开放式创新，对于研究新环境下的组织模式、商业模式和创新模式都具有重要的理论意义。本研究从社会网络的视角将大众生产的组织过程视为利用互联网长期通过社会关系、互动、信任、协商、非正式控制形成协作网络的过程。网络治理是大众生产得以组织并完成产出的内在机制（Demil，Lecocq，2006）。本章实证性地探究了大众生产的网络治理机制，得到以下主要发现。

第一，通过结构嵌入、关系嵌入和认知嵌入，作为大众生产主体的分散于世界各地的成千上万参与者，在素未谋面、没有经济报酬、仅通过互联网沟通的情况下，也能够引致协调行为、维护行为和激励行为，使得参与者具有持续参与大众生产活动的意愿，从而高效率地产出高质量的操作系统、百科全书等知识产品。由于知识产品完全可以通过互联网完成生成过程，因而知识产品是当前 Web2.0 环境下大众生产的主要产品领域，可以预见今后会逐步向实体产品领域发展与应用。

第二，在大众生产网络维度与参与行为的关系方面，不同的网

络维度对激励、维护和协调三种行为存在不同的影响关系。关系强度、共同愿景认知、社区身份等显著正向影响专长配置行为和激励行为；网络中心度、共同愿景和社区身份显著正向影响参与者间的行政协调水平；大众生产参与者间的关系强度、关系稳定性以及共同愿景和社区身份认知显著正向影响网络的维护行为。

第三，在大众生产参与行为与持续参与意愿的关系方面，总体来讲，具有较强的正向影响关系。行政协调行为、社区维护行为和激励行为都对大众生产参与者的持续参与意愿有显著正向影响；技术配置水平的高低对持续参与意愿没有显著的正向影响。

第四，在大众生产网络维度与持续参与意愿的关系方面，认知嵌入既直接影响持续参与意愿，又通过协调行为、维护行为和激励行为作用于持续参与意愿；结构嵌入与持续参与意愿之间，结构嵌入与维护行为和激励行为之间不具有正向的影响关系，协调行为在结构嵌入与持续参与意愿关系中起完全中介作用；关系嵌入与持续参与意愿之间也不具有正向影响关系，协调行为、维护行为、激励行为在关系强度与持续参与意愿关系中起中介作用。

总体来讲，大众生产的网络治理过程是从网络嵌入到协调、维护与激励机制发挥作用的两个递进阶段，最终影响大众生产绩效。第一，网络嵌入阶段。互联网使生产和创新的权利回归到消费者手中，消费者和生产者的边界变得模糊。这可看作以消费者为主体的大众嵌入到了生产体系中。借鉴 Granovetter 和 Nahapiet 等对社会网络嵌入的分类，本书认为大众生产众多参与者形成的网络通过结构嵌入、关系嵌入和认知嵌入三种嵌入形式发挥作用。大众生产中的结构嵌入侧重大众生产的虚拟社区组织作为整体网络的特征结构以及参与者在网络中的位置对行为与绩效的影响；关系嵌入侧重参与者互动过程中形成的人际关系的影响；认知嵌入侧重参与者之间的共同愿景、规范和价值观等的影响。第二，协调、维护和激励阶段。对于不主要依靠经济报酬激励的大众生产，充分了解参与者的动机，采取适当方式激励新成员加入或老成员持续参与非常重要，因此激励也是大众生产重要的网络治理机制。这是对 Jones 等

(1997) 提出的协调和维护两大网络治理机制的有益补充。协调、维护和激励对大众生产的组织绩效产生正向影响。在理论模型（见图 3-2）的基础上，可以得出大众生产的网络治理过程，如图 3-3 所示。

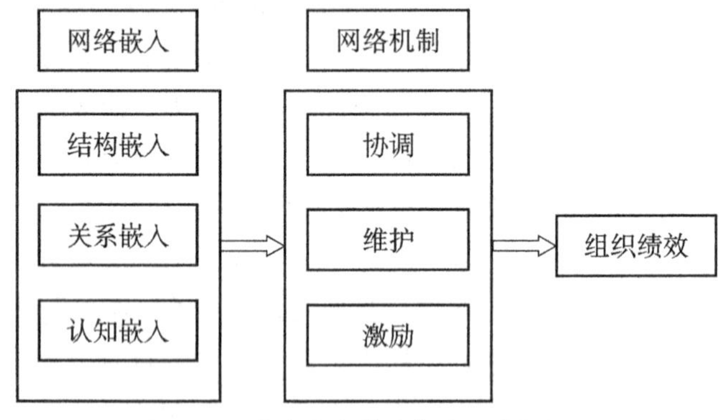

图 3-3　大众生产的网络治理过程图示

二、管理建议

对正在实施大众生产的企业和组织，本书提出如下管理建议。

第一，鼓励参与者交流合作，提高成员的社区身份认知。由于成员的网络中心度、关系强度、认知水平显著影响参与者的参与行为和持续参与意愿，因此在大众生产社区中要采取措施加强参与者间的交流合作，多组织非正式活动以提高相互间社会关系程度和社区认同感。

第二，增强对参与者的激励，提高其参与的满意度。如前所述，激励行为显著影响参与者的持续参与意愿，大众生产社区管理者应强化社区内崇尚技术、崇尚荣誉文化氛围的形成，通过对参与者的各种精神激励提高其参与意愿，必要时亦可采用一些经济激励手段。

第三，确保参与者的能力与任务相匹配，提高参与者的参与意愿。社区的管理者需要了解相关成员的技能水平并合理分配任务，从而最大限度地提高其参与意愿。

虽然本章对大众生产网络的管理提出了相关的建议，但由于客观条件的限制，整个研究难免存在不足之处。一方面，在样本来源上为了更具有针对性和可行性，选取了开源软件参与者这一群体，通过向在线开源社区和 QQ 开源软件交流群发放网络问卷和实地问卷进行调查分析。开源软件只是信息产品用户创新的一种，有一定的局限性。未来可扩大对 Wiki、Witkey、UGC 等模式的研究。另一方面，在研究内容上，社会网络方法已经成为社会学中一种非常成熟的研究方法，其结构维度、关系维度包括很多研究方面。本章只选取了各维度中有代表性的变量，未被考虑进模型的变量对大众生产者的持续参与意愿可能同样有不可忽视的影响，这有待于进一步研究。也可深入对一个或几个社区的整体网络进行研究、图形化和测度。进一步研究的方向包括实施大众生产对企业的组织模式、商业模式和创新模式影响的实证研究，这是一项富有价值和前景的研究课题。

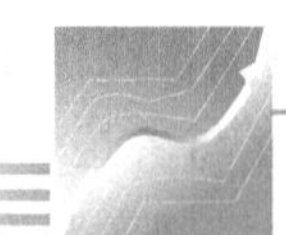

第 4 章

众包及其影响因素研究*

众包是大众生产的一种重要表现形式。伴随着网络通信技术和知识经济的迅猛发展，消费者获取知识更加便捷，消费者具备了参与企业价值创造活动的能力。尤其是在 Web2.0 的时代背景下，企业更注重通过网络与消费者进行互动，消费者不再是产品和信息的被动接受者而是创造者，企业的传统创新方式也在向开放式、平台式、协作式的创新模式转变。由此，一种新型的企业与消费者的关系和企业商业模式、创新模式——众包随之产生。众包（crowdsourcing）意指把传统上由内部员工或外部承包商所做的工作外包给一个大型的没有清晰界限的群体去做（Howe，2008）。

---

* 本章部分内容来源于：孟韬，张媛，董大海．基于威客模式的众包参与行为影响因素研究．中国软科学，2014（12）．

企业实施众包的目的是利用企业外部的人力资源，即利用企业外部大众所具有的集体智慧（collective intelligence）（Brown，Lauder，2000），这也可降低成本、宣传企业。因此，企业要想实施众包必须了解众包的参与者为什么愿意参与众包项目，哪些因素会影响他们的参与行为，企业可以从哪些方面入手激励大众积极参与众包。只有吸引大众参与才有可能进一步激发大众发挥集体智慧，实施众包也才有可能达到预期的效果。众包有多种类型，本章选取研究较少的威客模式为研究对象，对大众参与众包的行为进行解析，分析影响众包参与行为的多种因素，试图对企业激励大众积极参与众包活动并提高参与效果产生促进作用。

第 1 节　众包的研究综述

Afuah 和 Tucci（2012）将众包分为竞标式和合作式两种，多个个体接受企业或组织的发包并竞争取胜的威客模式属于竞标式，多个个体一起工作来解决问题的开源软件和维基百科模式属于合作式。目前对开源模式和维基模式已经有较多研究，对威客模式的研究较少。威客（Witkey）有两方面含义：一是指大众出售智力产品获取收益的互联网交易模式；二是指通过互联网出售自己的智力成果获取收益的人（Liu，Zhang，Gu，2007）。在威客网站上，任务的发包者或提问者提出具体的任务，感兴趣的威客通过提交解决方案获得报酬，威客网站则可以获得客户提供的标价产品的一部分收益或获得广告收入等其他方式盈利。知名的威客网站有 InnoCentive、任务中国网、猪八戒网等。许多世界知名公司也都开设了专门的网站来邀请消费者和其他外部人员为公司提供产品创新思路和设计，如星巴克的 My Starbucks Idea，戴尔的 Ideastorm，宝洁的 Connect＋Develop，海尔的 HOPE 平台。目前全球共有威客网站过千家，注册会员超过 1 亿人，交易额超过百亿美元。

虽然众包是一个较新的概念，但是关于众包的研究已经遍及营销、创新和组织等研究领域，和众包相关的研究大体可以分为三类。第一类研究关注参与众包的大众在众包活动中所扮演的角色、大众发挥的作用、消费者角色的转换。第二类研究从企业的创新角度出发，认为企业不仅要利用内部的创意，更要整合外部创意，企业可以通过用户创新、顾客参与、开放式创新来实现对大众创新的吸收、整合和利用。第三类研究从生产和组织模式的角度，研究了众包所形成的群体组织的性质，认为这种模式不同于企业，也不同于市场。

关于众包参与者角色转变的研究中，Kleemann 等（2008）认为消费者已经积极、直接地参与到企业产品和服务的整个提供过程中。他们指出众包模式产生了一种新的消费者类型，即“工作的消费者”（working consumer），并进一步指出消费者的角色出现了转变的趋势，消费者现在变得更像是与企业一起创造价值的合作者（co-workers），消费者承担了生产过程的一部分职能，企业和消费者之间的关系发生了重大的改变。这和托夫勒（2006）提出的产消者概念是相同的，本质上都是将企业内部的部分工作转嫁给消费者。消费者参与企业创新的模式正在挑战企业传统的价值创造模式，用户通过互联网，借助网络的互动性、快捷、个性化和开放性等优势，使得自身在企业价值创造中的参与度大大提升，这一影响正在蔓延到企业的整个价值链（Prahalad，Ramaswamy，2005）。消费者的角色出现了转变的趋势，消费者从过去纯粹的消费者向价值共同创造者转变。消费者从产品、服务以及信息的被动接受者向主动参与者转变。企业与消费者的关系也发生了转变，由过去的企业提供产品和服务，消费者纯粹消费与被动接受产品和服务转变为企业和消费者合作开发产品、生产产品甚至销售产品，消费者是企业价值创造活动的合作者。所有的转变都为众包的实现提供了可能，众包中的大众也正是具备这些新特点的新型消费者群体。

从企业创新的角度来看，众包实质上是用户创新、顾客参与、开放式创新的新的表现形式。Hippel（1976）提出了“用户是创新

者”的观点。用户创新理论强调不仅生产者可以进行创新，用户也能够进行创新，提倡关注用户创新。在企业的众包实践中，相当一部分企业正是利用企业的用户进行产品和服务的改进、设计以及提供。因此，众包和用户创新是密切相关的，众包还有其独特的优势。众包可以实现一个较大群体的互动，可以更好地获取较大群体的顾客的隐性需求信息，这对于企业开发产品和服务非常有帮助。众包可以看作开放式创新的一种特殊形式。开放式创新的研究侧重于组织之间的合作，众包比开放式创新更加关注企业与大众间的合作。

从生产模式和组织模式角度开展的一些研究更加深化了众包的研究。互联网为大众合作生产提供了一个大规模合作（masses collaboration）的生产平台，使大众进行生产成为可能。众包之所以能够创造价值，在于众包利用了全球互联网形成的网络，而网络节点上蕴含了具有多样化和个性化特征的资源（钟耕深，朱雅杰，2010）。常静等（2009）认为大众生产中大众是自愿参与的，大众与企业之间不存在雇佣和管理的关系。前文论述的网络治理、集市治理等研究也都适用于众包的研究。

第 2 节　研究假设与模型

现有的针对大众参与众包的行为的实证研究多集中于从参与者的动机进行微观层面的研究，从宏观层面对众包参与行为进行解析的研究较少。本章为了更好地解释大众参与众包行为，在较为宏观的层面，引入在技术接受模型（TAM 模型）基础上发展而来的技术接受整合模型（unified theory of acceptance and use of technology，UTAUT）（Davis，1989；Venkatesh et al.，2003），对哪些因素影响了大众的参与行为以及如何影响进行研究。本章基于 UTAUT 模型构建了理论模型，如图 4 - 1 所示。在 UTAUT 模型中，社群影响是自变量之一，然而本研究中的威客模式是竞标式众包，单一参与者直接以在线方式向发包方递交任务结果，具有竞争关系的参与者之间并没有或少有互动行为，显然社群影响在本研究范畴中不适用。本研究认为众包具有参与主体的三方关系（triadic relationship)、契约关系的松散型与短暂性等特点，这增加了作为交易行为的众包的复杂性。因此众包交易的完成依赖三方关系的建立和延伸，直至信任关系产生，进而减少不确定性并防范机会主义(Luhuman，1979)。本书认为参与者对发包方以及第三方威客网络平台的信任程度对众包行为有重要影响，因而用信任替代社群影响作为一项自变量。其他自变量仍为参与众包的预期收益、努力期望和促进条件，大众参与的意愿为中介变量，参与行为为因变量，以此模型检验自变量对大众参与行为的影响情况，同时检验参与意愿的中介作用。

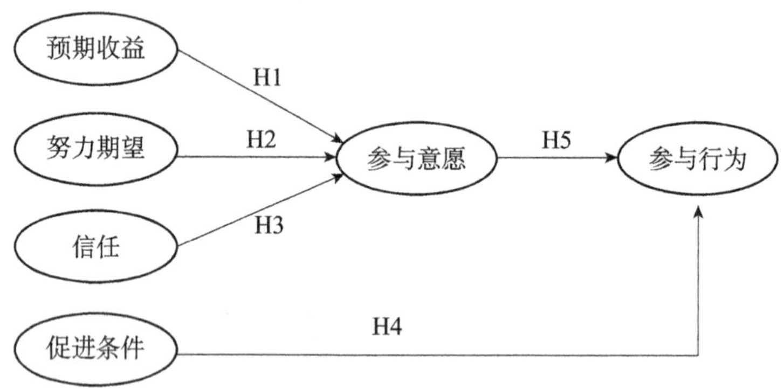

图 4-1 研究模型与假设

一、预期收益对大众参与意愿和参与行为的影响

Yang 等对任务中国网上的威客进行的研究表明威客对获取报酬的预期是激励和吸引他们参与的重要因素（Yang et al.，2008)。Lakhani 等（2007）对 InnoCentive 社区中获胜大众的研究表明大众对货币奖励获取的预期是吸引他们参与的最重要因素，同时还包括解决问题获得的满足感等其他影响因素。Brabham（2008）对图片

网站 iStockphoto 众包社区中的用户调查显示，获得金钱、提高个人技能、获得乐趣是参与者加入社区的最重要影响因素。Leimeister 等（2009）在对威客网站 SAPiens 的研究中指出，大众对学习知识或技能的提高、对报酬的获得、对人际关系的建立和获得职业机会的预期是影响其参与到社区中的重要因素。这些研究表明吸引和激励大众参与到众包活动中来的因素是参与众包活动能够为参与者带来某些利益，满足他们的一些需要，有的学者将这些因素概括为内在动因和外在动因（Hars，Ou，2002），也有的学者将这些因素分为个人动因和社会动因（Ciffolilli，2003）。无论何种分类，这些因素主要有：经济报酬、乐趣、知识获得、职业发展、寻找新工作、技能提升、交友、成就感等。本研究由此形成题项并衡量预期收益。本研究认为参与者预期的众包给其带来的利益水平将会影响参与意愿，进而影响参与行为。因此，本章提出假设 1：

H1：大众参与众包的预期收益对其参与意愿有正向影响。

二、努力期望对大众参与意愿和参与行为的影响

大众是否参与众包活动，除了会考虑自己能得到哪些收益，也会考虑他们参与众包的容易程度或付出努力的程度。目前，参与众包的大众大多是利用闲暇时间来参与众包的，因此大众参与众包的时间和精力都是有限的。虽然参与众包会为大众带来诸如收入、乐趣、满足感等各种收益，但是如果参与众包活动比较困难，需要付出过多的时间和精力等，大众根本就无法付出如此多的闲暇时间。Lakhani 等（2007）的研究指出参与者有充足的业余时间也是促使其参与众包的主要原因。Sun 等（2011）在对国内众包平台任务中国网中参与 IT 设计相关任务的威客的实证研究表明收益与成本比对参与者的满意度有显著的影响，进而会影响威客的参与行为。虽然 Sun 等没有直接研究大众的预期努力对其参与行为的影响，但收益与成本比可以间接表明参与者对付出努力的预期可能会影响其参与行为。本章借用 UTAUT 模型中预期努力的定义，用预期参与的容

易程度来衡量预期努力。大众预期的参与众包活动的容易程度会影响其参与众包活动的意愿，进而影响其参与行为，由此本章提出假设 2：

H2：大众对参与众包的努力期望对其参与意愿有正向影响，即大众感知参与众包活动越容易，参与意愿越强。

三、信任对大众参与意愿和参与行为的影响

在众包中，大众与发包方以及众包平台之间进行了价值交换，在这种交换的过程中就涉及三方之间的信任问题。史新和邹一秀（2009）指出威客平台的作弊问题是阻碍用户忠诚度提高的最大障碍。在智力成果的支付方面，通常是发包方将报酬支付给众包平台，众包平台扣除相关的服务费用后再支付给大众，大众通常是在方案提交后才能获得收益，因此大众可能面临无法获得收益的风险，在这一过程中众包平台的信用非常重要。本章试图对信任是否对大众的参与行为存在显著影响进行实证研究。关于信任并没有形成统一的定义，信任主要来源于被信任者的能力、仁慈与正直三种特征（Mayer，Davis，1995）。在实证研究中，学者对信任的概念多界定为是信任方对被信任方的善意、诚实和能力的信心。本章将信任定义为大众对于众包平台和发包方在善意、诚实和能力方面所持有的信心，并从诚实、能力、善意三个维度的变量来测量大众的信任态度。大众对众包其他参与主体和众包平台的信任影响其参与众包活动的意愿，进而影响其参与行为，本章提出假设 3：

H3：大众对于发包方和众包平台的信任对其参与意愿有正向影响。

四、促进条件对大众参与行为的影响

促进条件指使用者认为组织与技术设施支持信息系统使用的程度，分为感知行为控制、促进因素和兼容性三个子因素（Ven-

katesh，2003)。在本研究中，将促进条件定义为大众认为参与众包活动的过程中可以获得的来自其他组织或个人以及众包平台技术设施等方面支持的程度。根据本章的研究情境，促进条件只包括感知行为控制和促进因素两个子因素。其中，感知行为控制反映大众所感受到的参与众包活动过程中存在的自身知识与能力及外部环境的约束因素。促进因素指能够使大众更加容易地完成众包任务的客观环境因素，包括来自众包平台、发包方、其他众包参与者以及参与者的朋友的支持和帮助。

当大众产生参与众包的动机之后，获得一些来自发包方以及众包平台等参与主体的帮助和支持也可能会影响其参与的积极性。目前，众包平台、发包方对众包参与大众提供的帮助较少，任务很多时候基本由大众独立完成，这可能会降低其参与的积极性。史新和邹一秀（2009）认为威客平台的信息服务能力不足。众包平台与大众间的沟通渠道不足，大众无法顺畅地反馈所遇到的问题；发包方不能及时回答威客的问题，对任务的辅助支持较少。这些都不利于众包任务的完成，影响大众参与的积极性和信心。在以上研究的基础上，本章提出假设 4：

H4：促进条件对大众参与众包的行为有正向影响，即促进条件越多，大众参与越积极。

五、参与意愿对参与行为的影响

参与意愿是指个体企图参与众包活动的主观概率，是其参与众包意愿的强度。参与行为是指大众参与众包所进行的所有活动，包括浏览任务、参与任务、提交方案等行为。TAM 模型的提出者 Davis 指出参与意愿是参与行为的最有力的预测指标，参与意愿和参与行为之间存在着极强的正相关关系。大量学者将 UTAUT 模型应用于各种实证研究，大部分实证结果验证了参与意愿对参与行为有显著影响。本章认为众包活动参与者参与意愿越高，参与者参与的频率会相对越高，参与者提交任务的次数也会有所增加，相应的中标等其他行为也会较多，即大众参与众包的意愿与参与行为之间有较强的正相关关系。基于上述分析，本章提出如下假设：

H5：大众对众包活动的参与意愿对其参与行为有正向影响。

H6：参与意愿在众包影响因素与参与行为之间起中介作用。

H6a：大众对众包活动的参与意愿在其预期收益对参与行为的影响过程中起中介作用。

H6b：大众对众包活动的参与意愿在其努力期望对参与行为的影响过程中起中介作用。

H6c：大众对众包活动的参与意愿在其对发包方和众包平台的信任对参与行为的影响过程中起中介作用。

第 3 节　研究方法与结果

一、研究方法

本研究通过问卷调查获取数据，选择猪八戒网中参与众包活动的威客为问卷发放对象。猪八戒网是目前国内知名的威客网，个人通过该网站平台参与和完成企业有偿委托的创意设计、网站建设、营销推广、文案策划、建筑装修等上百种服务任务。目前平台已拥有 1 000 万个个人和企业参与者，完成了 240 万次任务。猪八戒网平台运行比较成熟，注册威客数目众多，交易量大，具有典型性。调查问卷的发放要借助网络进行，猪八戒网上有威客的人才库，从这些人才库中可以找到威客的联系方式，如邮箱、腾讯 QQ 账号，甚至某些威客的电话号码，而且可以从人才库进入威客的个人空间，在其个人空间里可以发站内信与威客取得联系。本研究通过这些联系方式，经询问并得到威客的同意后，进行问卷的发放，以提高问

卷的回收率。共发放问卷 230 份，回收 206 份，扣除存在回答前后矛盾、填写不完整、回答有错误等问题的 35 份问卷，有效问卷数为 171 份。

为确保测量工具的信度和效度，本章尽量采用国内外现有文献已使用过的量表，根据具体情况进行适当修改，如表 4－1 所示。具体问卷设计方面，本章采用李克特 5 分量表进行设计。同时，为了提高问卷的信度与效度，在问卷正式定稿及调查之前，选取了 30 名猪八戒网社区参与者进行问卷的预测试和深入访谈，对问卷中的相关题项进行了调整。

表 4－1　各变量量表

构念	编号	题项	参考量表
预期收益	PU1	承接任务给我提供了获得收入的机会	Ryan&Deci（2002）；Davis（1989）；Venkatesh 等（2003）；常静等（2009）
	PU2	参与任务可以让我从中获得乐趣	
	PU3	通过众包网站可以使我获得有价值的信息	
	PU4	通过众包网站可以使我获得更多的职业发展机会	
	PU5	众包网站可以给我提供新的工作机会	
	PU6	参与任务的过程可以提高我的相关能力和技能	
	PU7	通过众包网站可以使我结交更多朋友	
	PU8	任务中标会增加我的成就感	
	PU9	任务中标会使我获得声望	
努力期望	EE1	掌握参与任务过程的各个操作环节需要很长时间	Davis（1989）；Venkatesh 等（2003）
	EE2	对我来说，可以容易地掌握参加任务的整个流程	
	EE3	参与任务需要花费的时间是较少的	
	EE4	参与任务需要花费我大量的精力	
信任	TR1	该众包网站在提供众包交易服务方面表现良好	McKnight 等（2002）
	TR2	该众包网站是一个专业的众包交易平台	
	TR3	我相信该众包网站会兼顾参与者的利益	
	TR4	如果我请求发包方的帮助，他会尽可能地提供帮助	

续表

构念	编号	题项	参考量表
信任	TR5	该众包网站会遵守对大众的承诺	McKnight 等（2002）
	TR6	发包方在与我的交易中是诚实的	
促进条件	PBC1	我拥有参与任务所必需的相关知识	Venkatesh 等（2003）；Thompson 等（1991）
	PBC2	我拥有参与任务所必需的相关资源	
	FC1	在众包网站上我可以找到关于参与任务和交易的操作说明	
	FC2	众包网站上提供了大众交换意见的空间	
	FC3	众包平台提供了大众和发包方之间进行沟通的功能	
	FC4	参与任务的过程中遇到困难时，我可以找朋友来帮助我	
	FC5	众包平台能及时回复大众提出的问题和意见	
参与意愿	BI1	未来的一段时间我还会访问众包网站浏览和关注任务	Venkatesh 等（2003）
	BI2	我觉得自己今后还会参与新的任务	
	BI3	我今后不会再参与新任务了	
参与行为	UB1	任务的浏览频率	Davis（1989）；常静等（2009）
	UB2	提交任务次数	
	UB3	中标次数	

二、研究结果

（一）量表信度、效度检验

如表 4-2 所示，本研究所涉及的所有结构变量的 Cronbach's α 系数均大于 0.7，因此本研究的问卷具有较好的信度，所有题项均保留。本研究利用最大方差正交旋转，提取了七个因子，并且各个分题项的因子最大载荷值均大于 0.5，说明本研究中所用到的量表的效度较好。

表 4-2　信度与效度检验

构念	题项	Cronbach's α 系数	修正变量总相关系数	指标删除后的 Cronbach's α	标准化因子载荷系数
预期收益	PU1	0.836	0.555	0.819	0.538
	PU2		0.545	0.822	0.538
	PU3		0.658	0.806	0.699
	PU4		0.580	0.816	0.683
	PU5		0.521	0.822	0.572
	PU6		0.493	0.826	0.555
	PU7		0.621	0.812	0.646
	PU8		0.534	0.821	0.578
	PU9		0.445	0.832	0.608
努力期望	EE1	0.726	0.508	0.670	0.678
	EE2		0.479	0.688	0.528
	EE3		0.580	0.625	0.739
	EE4		0.506	0.672	0.771
信任	TR1	0.829	0.616	0.798	0.667
	TR2		0.615	0.802	0.703
	TR3		0.650	0.791	0.607
	TR4		0.578	0.806	0.692
	TR5		0.622	0.798	0.653
	TR6		0.546	0.815	0.651
促进条件	PBC1	0.807	0.416	0.802	0.795
	PBC2		0.415	0.802	0.771
	FC1		0.664	0.767	0.527
	FC2		0.687	0.760	0.587
	FC3		0.582	0.775	0.657
	FC4		0.488	0.794	0.734
	FC5		0.622	0.769	0.683

续表

构念	题项	Cronbach's α 系数	修正变量总相关系数	指标删除后的 Cronbach's α	标准化因子载荷系数
参与意愿	BI1	0.825	0.694	0.782	0.684
	BI2		0.735	0.704	0.777
	BI3		0.686	0.786	0.821
参与行为	UB1	0.856	0.734	0.812	0.799
	UB2		0.741	0.787	0.817
	UB3		0.743	0.793	0.824

（二）数据分析与解释

本研究通过 SPSS18.0 采用逐步回归分析的方法来验证提出的相关假设。在回归分析之前，对数据的多重共线性进行了检测，容忍度（tolerance）在 0.576～0.836 之间，并未接近 0；方差膨胀因子（VIF）在 1.197～1.736 之间，数值不大，因而均显示不存在共线性问题，可以进行多元回归。

1. 自变量对参与意愿的回归

将预期收益、努力期望和信任作为自变量，参与意愿作为因变量，进行回归。结果见表 4-3，可以看出总体回归效果显著，假设检验的情况如下：

（1）H1 通过验证。预期收益的 t 值为 3.731，其值大于 2，Sig. 值 0.000<0.05，预期收益对大众参与众包活动的参与意愿具有正向影响。这表明预期收益能显著影响大众参与众包活动的意愿，参与众包所能获得的乐趣、额外收入、职业发展机会、新的工作机会以及能力的提升等收益会吸引大众参与众包。

（2）H2 不成立。努力期望没有进入回归方程，对大众参与众包的参与意愿影响不显著。H2 没有通过验证表明威客预计自己参与众包活动的容易程度对参与众包活动的意愿没有显著影响，进而 H6b 也不成立。究其原因，首先，参与众包之前用户并不能很好地衡量参与的容易程度，大众更在意收益的获得，缺乏对将要付出的成本

的考虑与评估。其次，对于某些用户而言，任务的困难和挑战反而能够为其带来解决问题的乐趣和成就感，因此并不降低他们参与众包活动的意愿程度。

（3）H3 通过验证。信任的 t 值为 5.826，其值大于 2，Sig. 值 0.000<0.05。信任对大众参与众包活动的参与意愿具有正向影响。

表 4-3　自变量对参与意愿的回归结果

模型	非标准化系数		标准系数	t	Sig.
	β	标准误差			
模型 1　常量	9.272	0.588		15.757	0.000
信任	0.198	0.025	0.527	8.053	0.000
模型 2　常量	7.699	0.707		10.893	0.000
信任	0.154	0.026	0.410	5.826	0.000
预期收益	0.074	0.020	0.263	3.731	0.000

2. 自变量对参与行为的回归

将预期收益、努力期望、信任、促进条件作为自变量，参与行为作为因变量，进行回归，可以得出，预期收益、努力期望、信任对参与行为有正向影响。由于这几个因素与参与行为的关系并不是本研究理论模型中的研究假设，因而不进行详细分析和数据展示。促进条件没有进入回归方程，对大众参与众包的行为没有显著影响，H4 未通过验证。究其原因，在威客模式中通常由威客自己独立完成某项任务，很少能够获得来自发包方、威客平台和朋友等其他群体的支持。由于一贯缺乏外界其他群体的支持和帮助，威客在参与过程中不太关注这方面的因素。

3. 参与意愿对参与行为的回归

将参与意愿作为自变量，参与行为作为因变量，进行回归。如表 4-4 所示，总体回归效果良好，参与意愿的 t 值为 5.417，其值大于 2，Sig. 值 0.000<0.05，说明大众参与众包的意愿对其参与行为有正向影响。

表 4-4　参与意愿对参与行为的回归结果

模型	非标准化系数		标准系数	t	Sig.
	β	标准误差			
模型 1　常量	3.128	1.492		2.097	0.037
参与意愿	0.576	0.106	0.385	5.417	0.000

4. 参与意愿的中介效应分析

由表 4-5 可知，在模型 1 中，预期收益和信任对参与行为有显著影响。在模型 2 加入参与意愿后预期收益和信任仍然显著。因此，参与意愿在预期收益和信任对参与行为产生影响的过程中具有部分中介效应，H6 部分成立，H6a 和 H6c 成立。

表 4-5　中介效应回归分析结果

模型	非标准化系数		标准系数	t	Sig.
	β	标准误差			
模型 1　常量	3.434	1.148		2.992	0.003
预期收益	0.126	0.032	0.299	3.926	0.000
信任	0.138	0.043	0.246	3.225	0.002
模型 2　常量	1.327	1.482		0.896	0.372
预期收益	0.106	0.033	0.252	3.205	0.002
信任	0.096	0.046	0.171	2.070	0.040
参与意愿	0.274	0.124	0.183	2.209	0.029

第 4 节　结论与建议

一、研究结论与研究建议

互联网平台加速了企业创新模式的演化，促进了顾客以及社会大众参与价值创造与创新的兴起。长期来看，由于 Web2.0 时代为

多主体间的便捷、即时、移动化的信息互动开创了难以想象的空间，因而这种依托互联网的大众参与创新模式的发展也才刚刚开始。众包模式应用的重点在于利用大众的集体智慧，将企业内外部的资源充分利用起来，弥补内部资源的不足，获得企业创新的新动力。众包的参与者成了与企业共同创造价值的合作者，他们不再是纯粹的消费者，而是兼具生产者、创造者和消费者等身份的统一体。企业想要采用众包模式，必须吸引大众参与，必须了解哪些因素会影响大众的众包行为。本章实证研究证明，参与众包的预期收益与对众包平台和发包方的信任会对参与众包的意愿和行为产生显著的正向影响。根据前文论述和实证研究结果，本章提出以下管理建议。

第一，企业需要重视应用众包模式。企业通过采用众包这一新型商业模式、创新模式可以利用企业外部的人力资源，利用顾客和大众的知识与技能来开发产品和服务，并能提升顾客体验和满意度，从新的途径加强顾客与企业的关系。因而并不是资源缺乏的小企业才适合使用众包模式，大企业也需应用众包，这一点已被诸多国外知名大企业成功应用众包的实例证明。和国外相比，国内企业尤其是大型企业在众包模式应用方面比较滞后。是自建网站还是利用第三方众包平台，采取竞标式还是合作式，越来越多的国内企业应着手探索适合自身发展的众包应用方式。

第二，建立完善的信任机制。本章的实证结果表明大众对众包平台和发包方的信任不论对其参与意愿还是参与行为都有显著影响，因此威客平台要建立完善的信任机制，提升大众对众包平台和发包方的信任。一方面，众包平台应该信守对参与大众的承诺，积极提升服务水平，树立良好的众包平台的品牌；另一方面，众包平台应该审核发包方的资质，建立发包方的信用记录，并向大众公布。

第三，建立合理的定价机制，提高大众预期收益。目前的众包类型中，虽然有些活动大众是无偿参与的，但是越来越多的众包活动给参与者提供了货币性报酬。在大众预期收益中对货币性报酬的预期往往是主要的，与发达国家相比，这一点在我国更为显著，尤其是在威客模式这种众包活动中。因此，威客网站应当建立合理的定价机制，网站管理者可以对发包方的定价制定统一的标准，对定价进行指导、评估和管理，促使发包方制定合理的众包任务价格，确保大众参与众包活动能获得应得的报酬，以提高大众参与积极性。

第四，从多个途径提升大众参与众包的预期收益。在众包平台上参与任务的大众多是具备相关技能的，同时众包平台上有很多雇主，众包网站可以给参与的大众建立一个人才库，这样不仅有利于用人企业获得所需人才，更能增加大众的就业机会，提高大众参与众包活动的预期收益。除此之外，在预期收益中，成就感也是大众看重的一个方面。众包网站可以根据投标次数、中标次数、雇主满意度等指标对大众进行评级，并在其标志中显示其级别。众包网站可以对高级别威客或一些明星威客进行网站宣传，或组织见面活动，或给予物质奖励，既能满足其成就感，又可以激励其他威客。

第五，提高众包平台的服务水平，降低大众参与难度，提供更多促进条件。在实践中，促进条件与努力预期还是能够影响大众的参与意愿，众包平台需要在这两个方面进行改善。首先，建立任务描述标准，并进行严格审核，使大众明确任务要求，使其参与更容易。这样既可以减少大众判断完成任务要求所要付出的努力，也可以使大众更好地选择参加与自身能力更匹配的任务，使大众参与容易程度提高。其次，众包平台应该和参与大众之间建立顺畅的沟通渠道，建立充分有效的反馈机制，尽可能地为大众提供帮助；提供完善和直观的大众参与教程；精简任务操作流程；建立大众交流社区；发包方应该积极、快速解决参与大众对众包任务提出的疑问。

二、研究局限与未来研究方向

本研究存在以下研究局限。首先，对众包模式类型的选择是有限的。本研究只选择了威客这种形式的众包模式，并没有对开源模式、UGC模式（用户创造内容模式）等其他众包模式进行实证研

究。威客平台属于第三方平台，在众包模式中企业可以自建众包平台，本研究没有研究这类企业自建平台的众包模式。不同类型的众包模式的大众参与行为影响因素会有所不同。其次，没有对预期收益进行进一步分析。预期收益可分为内部收益、外部收益，或者经济收益、社会收益，本研究没有设定预期收益的二级指标，没有进一步考察不同收益类型对参与意愿和参与行为的影响。最后，努力期望对参与意愿的影响和促进条件对参与行为的影响在本实证研究中并未得到验证。这只能说明本研究采集的数据不支持这两个假设，并不说明理论是错误的。如果样本量再扩大一些，或者采取实验法，也许会得出更接近实际的结果。众包在发达国家已经进入商业应用阶段，在中国尚未引起足够重视。随着 Web2.0 应用工具的发展以及参与、共享、协作、创新的文化理念的普及，未来中国企业的众包以及威客模式的应用将快速增长，对此的理论研究也亟待发展。

上文研究局限中提及了需要进一步研究众包其他类型的影响因素、不同预期收益类型的分析、两个未证明假设的验证。除此之外，未来该领域的研究还可以在以下方向开展。

第一，研究参与者之间的互动、网络机制。在现有的威客模式下，参与者通常是单独完成任务的，但是在开源模式、维基模式等其他众包类型中，每个参与者仅完成一部分任务，参与者之间的互动很频繁，参与者形成的网络成为企业网络组织的重要组成部分。在这个网络中，企业和大众、大众和大众之间如何互动，以及不同的互动方式和互动程度对这一网络的发展、众包的成功、企业的创新将会产生何种影响，这些都是进一步研究的方向。

第二，研究不同类型的参与者、不同类型的众包任务的影响因素。可以对不同参与度的大众参与行为影响因素进行比较研究，例如核心参与者与边缘参与者的比较；对参与不同类型众包任务的大众参与行为的影响因素进行比较研究。

第三，研究参与动机、行为与企业创新绩效的关系。众包已成为顾客和大众参与企业技术创新的途径，因而需要考察顾客和大众参与动机、参与行为对企业技术创新绩效产生何种程度的影响，以及顾客和大众的知识如何向企业内部转移，与企业内部研发和知识管理体系如何融合。在这个过程中，也会产生一些负面影响，如何化解这些负面影响（Chan，Yim，Lam，2010），对这方面研究得出的管理建议将促进企业创新绩效的提高。

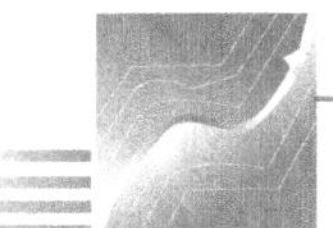

第 5 章

公民众包与公共管理创新

公民众包是众包在社会公共管理中的运用，也是大众生产的一种表现形式。随着 Web2.0 技术的飞速发展，公民和政府、社会组织之间能够非常便捷地通过互联网搭建起多元互动平台，公民可以采取共同创造、竞争投标等方式参与到社会服务设施建设、公益活动设计和政府决策制定等活动中。在互联网环境下，公民不仅能够了解更加广泛、完整的信息，在知识技能上也达到前所未有的水平。参与文化（participatory culture）兴起后（Jenkins，2009），公民自愿加入社会公共产品的设计和创造过程，使得众包模式开始成为政府和社会组织提升公民参与力度、展开公共管理的新方式。美国政府曾提出开放型政府（open government）的战略，公众参与已成为美国政府的新型运营机制，时任首席信息官 Kundra 就曾提出要运用美国大众的智慧进行创新，去解决那些政府本身不容易解决的问题。在中国，全国纪检监察举报网站的开通、国家信访局门户网站网上投诉窗口全面放开等一系列现象表明，基于众包模式的公众参与公共管理创新的实践与理论研究在我国已提上议程。

第 1 节　公民众包的类型

公民众包基于企业经营领域的众包而产生。正如第 4 章众包的概念及其他的研究表明，众包有如下特征：其一，参与者自愿参与，没有正式组织结构、经济激励与合同约束；其二，通过互联网平台将大规模的参与者组织到一起；其三，利用集体智慧解决原本需要寻求专业人士完成的工作。信息技术为公众提供了自由、自主的交流、互动平台，使他们成为知识创造的新晋力量，也使公民在政府等公共部门的管理中扮演起愈发重要的角色，因而就有了众包的衍生概念——公民众包，指为政府部门和机构用以获得其交付任务的解决方案或者达成政策决议制定的途径（Breul，2010）。公民众包与其相似概念众包和外包的比较如表 5－1 所示。Torres（2007），Hilgers（2010）等学者都对公民众包进行了研究，Nam（2012）率先提出公民众包的分析框架，指出可以从目的、公民智慧的积累类型和战略方式三个维度对公民众包活动进行分析，如表 5－2 所示。

表 5－1　外包、众包与公民众包的比较

	发包方	承包方	参与形式	参与目标	任务类型	贡献方式	当前研究进展
外包	个人、营利及非营利组织	专业公司	招标	专业快速地完成发包任务	所有类型	专业公司完成	国内外的理论及实证研究均比较成熟

续表

	发包方	承包方	参与形式	参与目标	任务类型	贡献方式	当前研究进展
众包	企业、消费者	消费者	论坛、虚拟社区、社交媒体、资金	满足消费者个人需求，降低企业成本	个人消费品和服务的生产	消费者个体生产、个体与企业合作、个体间合作	理论性研究；实证研究集中于参与行为、参与动机分析；国外研究日趋完善，国内研究发展迅速
公民众包	政府、社会组织、公民	公民	论坛、虚拟社区、社交媒体、资金	扩大社会满意度，提高社会福利，实现社会管理创新	社会公共产品服务的生产	公民个体生产、公民与政府、社会组织合作生产、公民相互合作	国外研究主要是理论性研究；国内研究尚为空白

表 5－2　公民众包的维度

维度	类型
目的	树立形象 信息创造 公共服务的大众生产 共同解决问题 制定政策
公民智慧的积累类型	专业的技能和知识 创新性想法
战略方式	竞赛 维基 社交网络 社会选举、投票

在实践活动中，公民众包作为一种新兴的公共管理方式蓬勃兴

起。美国白宫网站首页不仅设置了政府博客链接以方便公众了解政府信息并参与互动，还开展了一项名为“政府开放计划”的举措。美国公众通过白宫请愿网这一网络平台[①]，向美国政府提交请愿书。也有其他一些专门的网站促进公民参与到社会生活建设中去，如 SeeClickFix 系统让民众报告他们身边社区内发生的希望得到解决的问题，寻找失踪人口的 Person Finder 网站，将卫星地图转换为街区图景的 Open Street Map 网站及反映灾后公民需要和损坏程度的 Ushahidi 网络平台。在我国，中央纪委监察部于 2009 年 10 月 28 日统一开通全国纪检监察举报网站，受理群众对党员、党组织和行政监察对象违反党纪政纪行为的检举控告，以及对党风廉政建设和反腐败工作的意见建议。2013 年又同有关部门和网站联合，在网站中开设网络举报专区，更在网站首页的显著位置设置了“我要举报”专栏。9 月 12 日，中纪委常委、秘书长崔少鹏做客中央纪委监察部网站进行在线访谈时表示，将适时推出网站的移动客户端并开通微博、微信等新媒体应用服务，更广泛和便捷地吸引人民群众参与和监督。2013 年 7 月 1 日，国家信访局门户网站网上投诉全面放开，通过网上投诉、网上建议窗口引导群众更多地通过网络平台反映诉求，降低信访成本。政府通过规范信访工作流程，建立健全网上信访事项办理机制和网上回访、网上督查制度，使信访工作的全过程接受群众监督，从而提升信访部门的公信力。

Howe 将众包分为大众智慧、大众创造、大众投票和大众集资四种类型。实际上还存在其他无法划入这四类的众包形式，有一些众包形式是几种类型的混合（Geerts，2009）。在对公民众包进行归类时，对应 Howe 的划分方式，可以将公民众包分为公民智慧、公民创造、公民投票和公民集资。公民智慧指利用公民所拥有的专业知识和集体智慧来解决难题，这种类型的众包一般通过创造一个能够让公民传递自己知识的平台来实现；公民创造是政府、社会组织提供平台，然后将任务外包给拥有旺盛创造力和热情的公民；公民

① 网址为：https：//petitions. whitehouse. gov/.

投票是指利用公民的辨别能力，对政府、社会组织相关活动或政策内容进行筛选、评价；公民集资是将公民闲散的资金集合起来，替代银行成为基金的来源并加以使用。在融合这四种分类的基础上，本章从发起者角度对公民众包进行归类，分别从政府、社会组织发起和公民自发两种类型进行阐述。

一、政府或社会组织发起

公民众包与传统的公众参与模式（民众调查、公众听证会、公民评论）不同，政府通过网络平台向公民发布任务信息，接触范围更广泛、参与方式更便捷，并且可以以协同合作或竞赛的参与形式来提高任务完成的质量。政府、社会组织主要依托各自的官方网站向公众发布任务，组织公民智慧、公民投票和公民集资行为。除中纪委开通网络举报等现象之外，还有其他事例反映政府、社会组织向公众的发包行为：石家庄市普法办公室向社会征集西柏坡“中国梦、中国龙”法制宣传长廊和宣传橱窗设计方案，开展普法宣传活动；宁波市江东区邻里中心面向全社会发起 2013 年公益项目征集活动，向社会征集优秀的公益项目创意和可行的策划方案，并按照这些方案实施；中国福利彩票发行管理中心通过网站开展宣传语有奖征集活动，同时宣传中国福利彩票公益慈善形象。

二、自发式公民众包

公民自发组织的众包形式通常是由公民自愿加入网上论坛、虚拟社区讨论，或者通过建立博客、发布视频等借助其他媒介或第三方平台自行组织创造社会产品、服务或产生社会效应。首先，公民创造众包形式可归类为自发式公民众包，即公民参与到网络论坛集思广益、建言献策或者通过社交媒体等网络平台进行公共产品、服务的创造。基于社交网络平台，公众观看、上传、讨论、下载、分享、传播数字信息，包括图片、视频、音频等内容，这是用户生成内容

(UGC）的体现，用户既是网站的浏览者也是网站内容的生成者。国内UGC网站与媒体主要有天涯论坛、新浪微博、优酷、酷6网等。通过这些渠道，公民针对社会热点及政府新举措、新政策、政府官员行径等，发布观点并展开讨论、形成创意。公民也可将身边发生的社会新闻、违法乱纪行为、贪污腐败现象通过图片、视频等形式记录并在网站上曝光。这种现象在国内屡见不鲜，“孙志刚”“郭美美”“表哥”“房姐”等事件都是由公民自发传播扩散，进而受到多方关注并得到整治。其次，自发式公民众包也包括公民自主成立组织或第三方机构，开展质量监管、食品安全、环境保护等旨在提升公民社会生活质量的活动。德国 Brucker Land（www. bruckerland. info）就是在没有政府干预的情况下，由当地公民自行运营的社会组织。该机构充当协调当地农户、食品加工者、环保主义者以及消费者的中介者，负责制定并监督实施食品生产加工流程标准，确保食品只有在满足标准后才有资格在当地市场上销售（Brand，2005）。最后，公民智慧、公民投票或公民集资的情形也可归类为自发式公民众包。以公民集资为例，在我国汶川地震后，“一帮一”灾后乡村家园重建计划就是在没有政府干预的情况下，通过发动城市家庭提供无息借款，帮助受灾家庭重建倒塌的房屋的一项众筹举措。受助家庭五年内逐年还清借款，通过签订借款协议、第三方担保和“五户联保”等举措来保证还款。

第2节　公民众包兴起动因与理论内涵

一、公民众包兴起的动因

基于 Howe（2008）和 Geerts（2009）对众包产生动因的分析，可以将众包兴起的动因总结如下。首先，消费者个体有更多的机会可以在工作之余完成更多的经济任务，消费者不再满足于被动地接

受，更希望积极地作为价值的共同创造者而存在，消费者正从独立到相互联系，从未知到知情，从被动到主动转变。其次，开源软件的发展，促进企业和其他机构应用这一想法以促进自身的发展。再次，信息的开放和可及性以及生产工具成本的降低促使个体积极参与到生产中来。最后，虚拟社区的出现使个体通过网络组织在一起，更多地运用网络工具创造价值。相应地，公民的知识能力及社会意识的进步、政府和社会组织通过开放治理更好地满足社会需求的期望以及信息技术的推动，使公民众包的兴起成为客观趋势。本章对公民众包兴起的动因分析将从公民、政府和社会组织及技术支持三个角度展开。

（1）从公民的角度。首先，民主权利意识的增强促使公民参与到社会公共产品的生产和管理中来。随着政治体制改革的推进，公民的民主意识不断提高，参与政治和社会管理的愿望也更强烈，公民不再满足于作为政府管理的被动接受者，而要求信息的对称性和政府治理的透明性，因此一些公民依托网络媒介，以图片、文字的形式进行探讨、披露，参与到公共管理中。其次，在利他主义动机和社会责任感的驱使下，公民自愿加入公共管理。公民众包是众包组织模式在社会领域的应用，其社会性更为突出。促使公民参与社会志愿活动的动机主要包括事业发展、个人尊重、遵循社会规范、避免负面情绪、学习新技能和利他主义价值观（Clary，1999）。最后，公民素质和能力的提升使公民能够将参与意愿转化为参与行动。高等教育的普及和信息技术的推广使公民能够多角度地考虑问题，政府或社会组织将单纯依靠自身难以完成的任务发布给大众，通过协作式的互联网平台整合散布在每个个体中的专业知识。

（2）从政府和社会组织的角度。首先，同企业一样，政府和社会上其他非营利组织一样希望它们的产品——交通基础设施、安全设施、废物回收系统、公共运输系统，能够最大限度地获得公民的认可和满意。虽然在公共领域公民很难自行生产公共产品（如排水系统），但是公民可以通过投票、意见反馈、提出设计方案等形式选择他们最为满意的使用形式。公民众包可使公民以设计者的态度来贯彻执行公共管理政策，使公民需求得到最大限度的满足。其次，政府、社会组织内部资源是有限的，通过公民众包实现大范围政府与公众间信息资源的共建和共享，既提高公共管理效率，又节省政府和社会组织的开支，同时公众举报还可以起到监督反腐的作用。最后，公民众包更是政府和社会组织传播社会理念的途径，是社会产品的营销方式。公民众包的组织形式灵活、直接、自主的特点对公众极具吸引力，公众在参与公共产品、服务创造的同时实现了该产品所体现社会理念的传播和推广。

（3）从技术支持的角度。首先，信息技术的发展促进了公民与政府、公民与公民间信息的沟通，政府通过官方微博、网站等公开政务信息确保信息的对等性和政府管理的透明性。在信息技术保障下，政府可以通过网络采访、网上直播、征求网上评论和网络互动等方式实现公民众包的过程。只有自由平等地分享信息，才能产生公众利益最大化的方案。其次，创新性和操作性强的工具降低了公民的生产成本，公民能够将创意想法转化为产品。庞大的网络数据库、易于掌握的应用程序和编辑工具、廉价的存储器、数码产品、智能手机等，不仅便于操作，很大程度上也缩短了公民的创造时间，提升公民创新的效率。最后，网络虚拟社区的出现将公民联系到一起，通过互相协作共同完成公共产品、服务的创造过程。微博、贴吧等虚拟社区不仅是公民互动交流合作创造社会产品的平台，也是用来识别用户需求和疑问的重要渠道。

二、公民众包的理论内涵

公民众包是公众参与形式的一种变革与创新，它有着深刻的理论内涵与意义。它不仅意味着公民权利、责任的实现形式与公共产品、服务的生产方式的重大转变，也意味着公共管理模式的创新与发展。

（1）在管理学层面。首先，公民众包是大众生产理论在公共管理领域的应用。这种以群体网络的开放、共享、协作为准则的组织模式正在改变整个社会的知识创造、资源配置、技术创新方式，它所倡导的“人人参与、共同协作”的理念不仅成为商业热潮，政府和社会组织也可以将其运用于公共产品、服务和社会福利的创造过程中。其次，将公民纳入到社会公共产品与服务的创造中来，是开放式创新为政府、社会组织的公共管理模式带来的革新。企业在寻求技术创新时，开始将内外部智慧有机结合起来，顾客、供应商、经销商等都成为产品的共同创造者、共同生产者。开放创新模式同样适用于公共部门，社会组织、公共部门开始寻求开展与公民的合作式创新（collaborative innovation）（Bommert，2010）。可见，公民众包的实质是公民参与到社会服务与管理的过程中，并为其创新与改善提供智慧和信息支持。与用户参与企业产品和服务的创新的顾客创新相对应，公民众包是公民创新（citizen innovation）的体现。在公共管理活动中，公民开始扮演起创新者（citizen-innovator）的新角色（Brand，2005）。

（2）在政治学层面。公民众包具有深刻的理论内涵。互联网时代是一个全民论政的时代，是一个全民要求而且可以参政议政的时代，也是一个大众政治的时代。社交媒体的普遍联系性和Web2.0技术的互动性，把原本分散的公众连接起来，他们在网络空间获取政治信息，关注政治事件，感受政治生态，展开政治讨论，进行政治协商，直至参与到政治决策中。通过互联网引发自下而上的舆论风暴，民意臧否中展示的是大众政治的力量（李良荣，张盛，2012）。相对于精英政治，大众政治强调的是大众在政治生活中的地位和作用。现代政治中折射出大众政治的两种镜像：一种是现代自由民主框架下大众有序地参与政治，核心是政治选举；另一种是大众集体大规模涌入公共领域，表达诉求，参与管理（周汝江，陈家刚，2009）。公民众包平台作为连接政府与公众的平台，公众把自己的情绪和诉求呈现在政府面前甚至直接参与到政府管理中来，促使政府决策接受民意拷问、官员执政顾及公众情绪，从而推进民主政治进程。另外，公民众包在电子政务这一公共服务创新模式的基础上，将公众参与的理念纳入其中。互联网环境下，电子政务的发展不仅是公共服务手段、形式和理念创新的体现，更有效促进了公共服务职能、体制的创新和公共服务能力的提高（杜治洲，汪玉凯，2007)。更加强调互动性和沟通性的公民众包在发挥电子政务依托于信息技术优势的基础上，实现了政府内部资源与公众集体智慧的整合，体现政府公共服务能力的提升和公共管理模式的创新。

(3) 在文化学层面。首先，公民众包散发着新信息文化的特质。信息文化是指一切与信息的处理、存储、传播、流动及信息媒介相关的文化。新信息文化之所以新，主要体现在其依托由卫星通信、网络技术构建的文化新时空，通过自然空间平台和虚拟空间的文化平台，由大众广泛参与并通过手机、网络等多种媒体的组合来表现和传播信息。新信息文化在互联网技术发展的基础上，更加强调大众参与。公民众包的组织模式体现了新信息文化自由、开放、多元的特质。开源平台和虚拟社区内的信息是自由共享的，公众可以自由阐述观点。同时，这种全球性的信息交流、互动平台打破了国家、地区甚至时空的壁垒，实现了创作的开放性。参与主体的多元化决定了思想来源和文化形式的多元化。其次，个体在网络社区中持续的互动和才华的表现使其得到其他参与者的认同，获得成就感和满足。Jenkins (2009) 将此概括为消费者的参与文化，指公民通过创作媒介文本、传播媒介内容、加强网络交往等主要形式，主动创造出来的自由、平等、公开、包容、共享的新型媒介文化样式。公民众包是参与文化的产物，发挥公民的集体智慧，通过团队协作解决问题是公民参与力量的集中体现。每个公民都作为生产链中的一环，以一种自发的协同机制深度参与到互联网的信息传播中去。个人、社会组织和政府之间充分互动，集体智慧也得到了最大程度的体现。同时，公民众包体现了大众文化的盛行，大众生产、大众传播、大众消费，与传统文化相区别，大众不再仅仅作为信息的受众，而是作为信息与内容的主体和授众，自主地创造、参与和互动。

第 3 节　公民众包模式下的公共管理创新

公民众包可以说是在电子政务和公众参与的基础上，政府开放治理的进一步发展方向，对转变政府组织形式、提高政治民主性、使政府管理真正趋于社会化管理有着十分积极的作用。虽然公民众包这一新形式的政府开放治理模式在国内处于起步阶段，但是其将公民参与纳入政府公共治理的新理念和与新兴技术紧密结合的新形式势必使其得到更多的重视和应用。应用方式主要有以下四方面。

一、公民创造公共产品和服务

与消费者产品生产情境相区别，公民不能直接修订公共政策或完善公共基础设施，也不能简单地创建一个理想中的公共产品，但是公民可以选择是否使用政府所提供的公共设施或者是否按政府的要求使用。如何突破这种困境，让公民切实参与到公共产品或服务的生产中去呢？其实，公民不仅可以协同实现以维基百科为代表的知识公共品的生产，也可以通过公民自发组织社会团体、用户生成内容和集资等方式，提供质量监管、危机灾害响应等公共服务。如前文所列的 Brucker Land 的案例，通过建立一个协调各方的中介平台，各利益方可以通过中介自主协商制定出能够得到共同认可的规范制度，实现对流通中的产品的监督和管理，以集体协作的方式制定产品准则。此外，自主形成的中介可以作为公共信任、社会资金、资源筹集和再分配平台，通过社会资源的整合实现社会产品和服务的创造。目前，国内外已经开始形成基于网络社区的灾难响应机制，建立起依托社交媒体和用户生成内容网站①形成的志愿者地理信息（volunteered geographic information）系统，即由广大用户即时创建和

① 例如 WikiMapia、Open Street Map、谷歌地球等。

传播用于指导灾后救援、灾难评估、供给补养和灾后重建等灾害管理工作的各种地理数据。2009 年美国圣巴巴拉的森林大火中，由用户生成的 27 个在线地图就为当地居民提供了关于火灾地点、疏散命令、紧急避难位置等重要救援信息（Goodchild，Glennon，2010）。再如，汶川地震后由公民自主建立的“一帮一”灾后乡村家园重建计划和华夏公益民间志愿救灾团体，分别针对灾后重建资金的筹集和公益资源需求信息采集、志愿者动员、物资筹备调配等开展工作，提供指导。

二、利用公民众包开展社会营销

诸如提高健康水平、预防伤害、环境保护和社会服务等社会营销问题切实关系到公民生活质量水平。由于社会营销的产品主要是服务和某种社会行为，而公民是服务的对象和行为的发出者，因此，社会营销更加重视公民的参与。有时社会营销倡导的社会行为（如不吸烟）与某些相关群体的意愿是相悖的。利用公民众包的组织模式，将社会产品的自产与自推相结合，不仅节约政府资本，发挥民主效能，而且当部分公民倡导的理念与其他利益群体的观念相悖时，可以通过引发网络社区内的大范围群体辩论，使热点问题得到广泛关注和快速宣传。因此，政府和社会机构应鼓励公民设计社会公益活动的宣传方案，承担社会理念、政策制度的推广与传播等营销职能，通过网络互动平台和虚拟社区，建立网站、论坛、微博、微信平台等，在政府与公民以及公民与公民之间形成巨大的互动关系网，便于公民对良性社会理念和信息进行口碑传播。一方面，政府和社会组织可以向公众征集健康、安全、环保以及其他社会、法治理念的宣传创意，公益广告、宣传口号、宣传海报等设计方案；另一方面，在外包给公众设计任务的同时，使公民自愿宣传所提倡的社会理念，通过开展网络投票，将点击率、转载率纳入评比标准等形式，放大宣传效果，激励公民参与热情。

三、通过公民众包开展政务治理

相对于原有电子政务，公民众包的形式更具开放性与互动性，因此在电子政务的基础上更能发挥民众民主政治的力量。首先，公民众包的受众广泛，在多数时候，受众的信息量远远超过政府的接触范围。不同学识、背景的受众群体将有机会了解不同层级、类型的政务人员，因此，把政务监督、绩效考核和反腐倡廉工作外包给公民群体，通过建立网络投诉、举报和公民互动交流平台，可以全面地揭露政务人员在公共权力运作过程中出现的行为不当、态度不恭、能力欠缺和绩效低下等问题，提高政务效率。其次，通过公民众包，开展犯罪查处和追踪工作。2011 年巴拿马政府利用 Ushahidi 开源平台向公众收集犯罪信息并将信息可视化到互动网络地图上，报纸和电视媒体依据公众提供的匿名信息展开后续报道和调查，信息一经核实，政府便会采取相应措施对犯罪行径予以处罚和治理。同样，我国政府也可以建立网络开源平台，实现公民、媒体和政府的有机结合，通过对受众发包缉拿任务，协作追缉越境逃犯，打击跨国职务犯罪。最后，公民众包也是开展反腐教育工作的有效途径。互联网环境下发展起来的公民众包，在囊括网络及时、快捷的优势的基础上，通过用户生成内容整合文字、声音和图像等，将公民参与纳入宣传教育。与传统的方式相比，公民众包能传达更加丰富生动、更加体现民意的信息。因此，利用公民众包模式展开的党风廉政示范教育和警示教育活动可以使社会教育声情并茂。同时，信息具有可复制、可保存的特点，可以运用数字技术对通过众包活动收集的信息和揭露的现象以数字式历史档案的方式记录下来，警示后人（刘卫东，2013）。

四、构建虚拟社区实现公共管理的网络化治理

网络化治理已经成为公共管理理论的前沿课题，公共治理过程

已经不局限在政府的正式结构中，公共政策的制定和执行更多是在相互依赖的行动者网络中完成的。没有任何国家或社会的一方行动者能够单方面决定公共政策过程和执行过程（鄞益奋，2007）。因此，构建一个有着共同价值诉求的自组织系统，形成在信任机制、价值协同、信息共享等方面的良好协调机制基础上的政府、社会组织、公民互动网络化治理机制，才能真正实现社会价值的最大化。在互联网时代背景下，虚拟社区成为公共管理的网络化治理便捷、有效的实现媒介。通过构建一个将政府、非营利组织和公民纳入其中的虚拟社区，依托网络平台，通过信息共享、共同商讨、交流对话、共同规划、共担风险、形成策略性联盟、共同体等形式，实现社区内各利益方的协调和整合。社区内，一方面，政府对非营利组织和公民言行进行法律上的管制和道德伦理教育；另一方面，通过建立信息披露机制和监督评估机制，公民对政府和非营利组织行为进行监督，促进社会治理和社会公益功能的有效实施。

总之，在互联网环境下，信息技术的发展促进了公民与政府和社会组织间的沟通和联系，公民与政府的新型关系由此产生。通过网络通信技术，公民不仅具备了前所未有的知识信息，利他主义动机和民主权利意识的增强也促使公民积极参与到社会公共管理中来。政府和社会组织开始要求公民嵌入参与共同创造价值，从而实现最大社会满意度，弥补内部资源的不足，降低成本与风险。参与文化盛行下，这种通过网络竞赛与相互协作使公民参与到公共管理中的组织模式，不仅实现了公民自我效能感知的满足，同时为他们带来了无限的乐趣。近年来基于公民众包组织模式的公民创造价值现象层出不穷。

公民众包孕育着很多公共管理创新的机遇，但是目前在利用公民众包模式促进公众参与方面，我国政府、社会组织尚处于起步阶段，没有系统规划和大规模实施。因此，有效利用公民众包来增加公民参与度和政治的民主性将成为我国公共管理的一个新方向。政府和社会组织要应用公民众包、大众生产、用户创新、产消者等新兴理论，依托微博、微信等新媒体平台和信息技术背景，实现与公

民间的信息共享和互动性对话，充分发挥公民的主观能动性，将公民的创造能力运用到政治建设中来。支持和倡导公民参与到某些社会产品和服务的设计、创造中，调动公民的集体智慧，通过众包平台实现社会资源的再调控，提高使用效率。以竞赛、协作的模式鼓励公民参与到社会营销宣传中来。通过对开源平台和虚拟社区的构建和管理，将公民大众纳入到政务治理和网络化社会管理中，发挥公民在政务监督、犯罪查处和教育警示工作方面的力量，实现公民、社会组织与政府之间的良性互动，促进社会管理创新。健全公民参与的互联网渠道，有计划、有组织地向公民发包社会任务，赋予公民畅通自由的言论平台，这些行为都将为我国的公共管理，尤其是政务建言、网络反腐、网络化治理提供新思路。

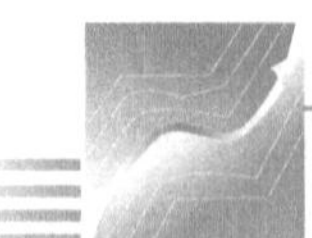

第6章 众筹与P2P金融及其模式

作为大众群体依托互联网参与价值创造的模式，大众生产并不局限在狭义的生产制造以及研发设计领域，而是贯穿在整个企业的价值链中。众筹与P2P金融就是大众生产在企业投融资环节的表现形式。众筹与P2P金融也是近年来迅速发展、备受关注的互联网金融的主要形式。本章将从大众生产和组织模式的角度对这两种模式做出探究。

第1节 众筹及其模式

一、众筹的发展

近年来，具有划时代意义的互联网金融掀起

了一场前所未有的变革热潮。互联网金融对传统的支付方式、交易方式以及运营模式提出了挑战。以互联网为代表的信息技术，尤其是云计算、社交网络以及移动支付等对金融模式产生了根本的影响。在互联网金融飞速发展的背景下，一种新型的融资模式——众筹，正通过互联网逐渐向各个行业渗透。众筹翻译自 crowdfunding 一词，又称群众集资，是一种通过互联网发布项目并向大众进行筹资的筹资模式。众筹的历史可以追溯到 1713 年，英国著名诗人亚历山大·蒲柏欲将古希腊诗歌译为英语，也就是被后人熟知的诗译作《伊利亚特》，在翻译之前，蒲柏承诺向每一位订阅者提供一本译作，这一创新性的思想获得了 575 名用户的支持，并筹集了一定数量的金钱来帮助他完成翻译工作。

现代众筹最早出现在美国，也是在美国发展得最为成熟。成立于 2005 年的美国众筹网站 Kiva 是最早为大众提供众筹业务的网络平台。Kiva 是一个旨在资助贫困地区创业者的非营利组织。Kiva 通过与全世界的金融机构合作来开展业务。金融机构联系需要资金的创业者，收集他们的资料，认定他们的经营状况和报告可信度，把合适的信息提交给 Kiva。Kiva 从大众投资者手中收到资金后，把资金转入相应的金融机构，再由金融机构把资金转给相应的创业者，归还本金和支付利息也要通过相应的金融机构转给 Kiva，最后返还给投资人。Kiva 与当今的众筹网站相比，不算是完全意义上的众筹网站，它类似于一个建立在银行、基金公司等金融机构与大众投资者之间的信息中介。其后出现的众筹网站开始摆脱对金融机构的依赖，成为筹资人与大众投资者直接沟通和融资的渠道。在 2008 年金融危机之后，企业家面临资金筹集方面的困难，与此同时，传统的银行不愿意放贷，企业家不得不将目光转移到其他地方以寻找资金。2009 年美国 Kickstarter 众筹网站上线运营，标志着在线众筹模式的开始。Kickstarter 的性质为非慈善平台，其网站用户倾向于支持创意型项目。Kickstarter 允许想要筹资的人在网站上发起一个项目，详细描述项目的内容、筹资的目的以及项目预计完成的时间。大众可以在网站上选择自己感兴趣的项目进行投资。在项目约定的期限内，投资者会获得项目发起人给予的非现金及股权式的报酬。网站上的筹资项目涉及面广泛，包括音乐、艺术、建筑、文学、摄影等各个方面。除 Kickstarter 之外，比较著名的还有 Indiegogo，RocketHub，Ulule 等综合性平台以及 SellAband，Slicethepie 等音乐众筹平台。

众筹发展过程中具有里程碑意义的事件是美国于 2012 年通过的《促进创业企业融资法案》。2012 年 4 月 5 日，美国总统奥巴马签署《促进创业企业融资法案》(Jumpstart Our Business Startups Act，JOBS)，旨在减少小企业筹资时的程序法规限制，促进中小企业或有潜力的公司获得投资。该法案规定，基于互联网的众筹可以免于在美国证券交易委员会（SEC）注册，企业使用众筹来筹资，一年内筹资累计金额不能超过 100 万美元，并且筹资过程必须由一个合规的中介机构进行。该法案放宽了对众筹的限制，使得众筹完全合法化，给美国小企业或创业者通过互联网筹资铺平了道路。此外，该法案也为众筹制定了游戏规则。首先，筹资者依旧需要遵守信息公开的规定，向 SEC 提交说明文档，内容包括企业的经营项目、所有权结构和资金状况等。其次，负责运营众筹的中介机构不能提供投资建议、不能购买网站上的公司的证券、不能持有和管理这些投资的资金。Kickstarter 的众筹项目偏向于小型的创意项目，而非提供股权和现金回报的大型商业项目，其目的是避免金融法规的限制和 SEC 的监管（Sherman，Brunsdale，2013)。该法案使得众筹彻底脱离了非法集资的阴影，该法案通过后，更多专注于企业融资和提供现金或股权式回报的众筹网络平台如雨后春笋般出现了。也有一些公司因为该法案的出台被迫停止了业务。成立于 2009 年的 Profounder 公司于 2012 年停止了运行，其网站贴出公告：“当前的法律规定环境不允许公司去追求对顾客有价值的创新实践，公司决定停止运行”。

在国外众筹平台蓬勃发展的同时，国内也逐渐兴起了众筹热。不仅有众筹网、点名时间这类第一批上线的众筹平台，国内电商巨头淘宝、京东等也纷纷加入众筹领域。目前我国存在众筹网、追梦

网、淘梦网等针对不同领域众筹项目的平台网站。例如国内知名音乐网站 5sing 开设音乐众筹版面，为原创音乐人提供生存土壤。淘梦网是一个针对电影领域的众筹平台，致力于鼓励电影人实现梦想。除此之外，我国还有专注于新农业领域的尝鲜众筹网在线上运营。根据 2013 年世界银行发布的《发展中国家众筹发展潜力报告》数据，众筹模式已在全球 40 多个国家拥有活跃的众筹平台。尽管在发展中国家众筹模式仍处于起步阶段，但是其发展潜力是巨大的。据估计，在发展中国家有 3.4 亿家庭有能力进行小量的众筹投资。预计到 2025 年，发展中国家众筹规模将达到 960 亿美元，其中，中国将占有 500 亿美元的份额。由速途研究院发布的《2014 中国网络众筹分析报告》显示，2014 年第一季度我国众筹募资总金额约 5 245 万元，其中包括奖励众筹募资 520 万元，股权众筹募资 4 725 万元。2014 年第二季度累计募资 13 546 万元，环比增长了 158.3%。2014 年第三季度，众筹募资总金额达到 27 586 万元，较上一季度增长了 103.6%。由此可见，众筹在我国呈飞速发展趋势。众筹模式在短短几年时间已引起国内外学者以及金融产业的广泛关注，企业、组织及个人对众筹模式的应用也已渗透到各行各业。

国内众筹平台发起的项目包含具有商业价值的项目，其中不乏一些公益项目的筹资。例如，雅安地震给灾区人民带来巨大的损失，当地灾民不愿意接受不劳而获的捐助，他们更愿意用自己种植的猕猴桃来换取别人的帮助，因此淘宝公益与中国扶贫基金会通过淘宝众筹平台发起“万人众筹，助力雅安”的项目，参与者每购买一个猕猴桃，将为地震灾区种植猕猴桃的农户增收 0.5 元钱。这一项目发起之后通过社交网络广泛宣传和众明星的支持，得到了广大网民的关注。另一个具有代表性的众筹项目为京东众筹发起的云朵智能定位鞋筹资项目。随着电影《亲爱的》热播，国内掀起了一阵打拐热，赵薇、黄渤等电影主演多次在微博上转发走失寻人等信息。这款全球首发的云朵防走失智能定位鞋无疑为家长及孩子带来了曙光，家长可利用云朵 App 迅速找到孩子，误差小于 5 米。该产品的团队由互联网与 IT 的志愿者组成，他们致力于改善儿童的安全环境，研发了这款儿童智能定位鞋。这款智能定位鞋在众筹平台上获得了巨大成功，已经全面上市，而不再是预售产品。

二、众筹的界定、特征与类型

1. 众筹的界定

众筹是互联网金融的一种模式。互联网金融是以互联网为代表的现代信息科技，它是不同于商业银行间接融资也不同于资本市场直接融资的第三种金融融资模式（谢平，邹传伟，2012）。互联网金融的发展模式，除众筹之外还包括第三方支付、P2P 小额信贷(peer to peer lending)、虚拟货币（如比特币等)、电商金融以及其他网络金融服务平台等。由于网络信息技术的发展，传统的金融中介机构位置逐渐被取代，互联网背景下的融资模式迅速发展。相对于传统金融，互联网金融在技术、管理方式以及管理观念上都有较大的改变，主要体现在如下几点：信息化和虚拟化、经济性与高效性、一体化（赵昊燕，2013)。众筹融资作为互联网金融的主流模式，为微型企业的融资提供了可能。

近年来，众筹已成为企业的一种新兴融资渠道，企业通过众筹获得资本而无须寻找传统的资本来源。作为一种新型模式，众筹的不断演变丰富了国内外学者对众筹的定义。最早的众筹定义由 Sullivan 于 2006 年提出，指为某一项目通过互联网或其他线上工具向一个较大群体的人募集资金。Lambert 和 Schwienbacher（2010）认为众筹是指以支持某些举措为特定目的，通过互联网开放地寻求以捐赠、奖励或投票权为形式的金融资源。Lynn（2012）认为众筹的运营是基于企业向个体集资的能力，这些个体有着共同的兴趣并且愿意向企业贡献小额的资金。Mollick（2014）将众筹定义为在没有标准金融机构作为中介的情况下，文化、社会或营利性组织及个人通过互联网向较大的群体为企业募集较少的资金。Colgren（2014）指出众筹是社交媒体、大数据与云计算数据的融合，大幅革新中小企业以及初创企业高效获得资本的方式。综上所述，众筹是一种大众

通过互联网相互沟通联系并汇集他们的资金去支持由其他组织和个人发起的活动的集体行动；企业或个人通过互联网介绍筹资需求和描述项目，大众根据情况选择企业或个人项目进行小额投资，并获得一定的报酬或补偿。众筹并不单是一个公司或一个平台而是一种创新工具，将传统利益相关者的资本分配给大众，网络技术促进了个人、企业以及组织利用大众力量的创新工具的发展。

2. 众筹的特征

众筹的精髓在于小额投资及大量的投资群体。筹资人向广大群众筹集资金，每个投资人仅需要小额投资，融资风险得以分散减小。此外，众筹需要以互联网为载体来实现较大的影响范围。互联网使筹资人与投资人之间形成对接，无论是何种形式的项目或产品，只要投资人通过互联网了解相关信息并且感兴趣，便可进行小额投资。通过互联网实现的对接可以使融资过程达到效率最大化而非依赖传统中介机构的烦琐融资流程。

众筹的另一个特征为参与主体之间存在多层次关系。许多学者将众包描述为外包的升级版。学者王莉、张庆国（2010）指出外包与众包的区别在于：外包是社会专业化分工下规模经济的产物，强调的是高度专业化，基本理念是让专业的人做专业的事，其目的在于剥离非核心业务，使企业能专注于自己的核心业务，增强企业的核心竞争能力；众包产生于信息技术高度发展的时代，倡导社会差异化、多样化带来的创新潜力，它产生的目的主要是满足社会差异化、多样化的需求。对于P2P借贷和众筹的关系，笔者认为众筹也可描述为P2P借贷的升级版。P2P借贷仅仅是债权模式，相比之下，众筹更具有灵活性，其包含预售加回购模式，也包含股权众筹模式。换言之，参与众筹的主体之间除了借贷关系，还存在捐赠或回馈式的多层次关系。

大众参与众筹的动因与大众参与众包的动因有相似性。众包中的消费者创新行为是由一些社会性因素驱使的，社会动因甚至超越了想获得报酬的经济动因，消费者通过创新可以获得在网络社区内的声誉、归属感、成就感等。大众参与众筹也兼有社会动因和经济动因。许多投资项目具有一定的投资回报，同时，投资者通过投资获得成就感，看到自己支持的项目成长壮大而获得满足感是大众参与的重要动机。另外，投资相同项目的投资人往往具有类似的兴趣和品位，投资人之间的交流和讨论满足了其社交情感和归属感。再者，利他主义和社会参与精神也驱动大众参与众筹，尤其是扶贫、捐赠等公益性活动的众筹。Ordanini（2011）针对众筹参与者的参与动因的实验研究表明，社会参与精神（social participation spirit）起到了重要作用，即大众愿意去帮助有资金困难的人，并积极参加此类社会活动。

3. 众筹的类型

根据投资者从项目中获得何种形式回报的期望，众筹模式有所不同（Kuppuswamy et al.，2013）。众筹模式可分为债权众筹、股权众筹、回报众筹以及捐赠众筹。第一类为债权众筹，是指项目发起人通过众筹平台承诺在规定时间内对若干投资人偿还金额并支付利息的筹资方式（刘志坚等，2014）。第二类为股权众筹，是指大众通过众筹平台投资一个项目，公司面向普通投资者出让一定比例的公司股份，以使投资者获得未来收益。股权众筹还可进一步分为有担保的股权众筹和无担保的股权众筹。第三类为回报众筹，是指筹资者为投资方提供一些非金融性回报（Belleflamme et al.，2014），也就是大众熟知的产品或服务的预售和团购模式。这些产品可以是电影、原创歌曲，也可以是有机食品等。一般企业发起回报众筹除了筹集资金外，还希望获得市场对该产品的真正需求度和建议。根据 Massolution 公司 2013 年发布的数据，回报众筹的在线平台数量最多，发展最为迅速。第四类为捐赠众筹，目前在国内外对于捐赠众筹的应用主要集中于公益事业。非营利组织采取捐赠众筹的模式为一些项目筹集公益资金。Schwienbache 等（2010）将众筹分为三类，即捐赠投资、主动投资以及被动投资。其中捐赠投资意同上文所述捐赠众筹，在这里不再赘述。主动投资与被动投资的区别在于投资者是否被赋予直接影响项目结果的能力。相应地，众筹就是让消费者参与到企业投融资环节中，成为企业的投资者。需要融资的

企业一般选择商业银行、证券公司等金融中介机构获得债务性融资，或者通过公开发行股票获得股权性融资。企业通过众筹融资时不再完全依靠金融中介机构，而是依靠网络平台及大众投资者。企业通过众筹平台实现了企业全部或部分融资环节对大众的外包。

三、众筹的运行模式

众筹的运行依赖开放的网络社区和大众筛选机制。众包网络社区鼓励大量的消费者参与进来，因为参与者越多，创造的信息越丰富，就越容易解决问题。在一个人数众多的群体中发布消息，就会有更大的概率去解决问题（杰夫·豪，2009）。众筹平台遵从同样的逻辑，越多的消费者参与其中就会有越多的高质量的项目出现，筹资者也就越有可能找到足够的投资人和投资金额。因此，一个拥有足够庞大的用户群的众筹平台能够为融资人或者投资人找到最满意的交易伙伴。众包平台上的大众信息筛选机制也出现在众筹平台上。众包平台上的海量信息超出平台管理员的筛选能力，于是，筛选和判断的权力转移到大众手中，大众决定信息的优胜劣汰。众筹平台也充分利用了这样的大众筛选机制，大众把自己的决策观点与投资行为直接结合起来，判定各种筹资项目的优劣，决定是否投资。Kickstarter 设定相应的规则实现项目筛选：所有项目必须遵循“all-or-nothing”的原则，每个项目都有预定的筹资额度和期限，如果在期限内项目吸引到预定额度的资金，它就能获得资金并启动项目，如果没有达到额度，项目不能获得任何资金，也要退回已获得的资金。目前该网站约有 40%的项目成功筹集到了期望的资金。其他的网络众筹平台也均设置了类似的筛选机制来决定项目的成败。

众筹的一般运行模式如下：大众通过众筹网站了解筹资信息，也可通过网站与筹资人沟通；当确定投资时会与众筹平台和筹资人签订协定，银行或者支付机构先保管投资资金作为保证金，如果项目达到预期额度，再转移资金，否则将资金退还给投资人；项目实施后，融资企业给予投资人回报。该模式的核心是众筹网站平台，它连接了大众投资人和融资企业或个人。具体来讲，众筹的运行模式依据运行的复杂程度和涉及的利益相关者的数量及法律环境可划分为三种模式，即捐赠与赞助模式、预售模式和借贷与股权投资模式（Ibrahima，Verliyantina，2012），如图 6－1 所示。借贷与股权投资模式由于涉及金融交易等问题，在实际操作上和法律上都是最为复杂的。

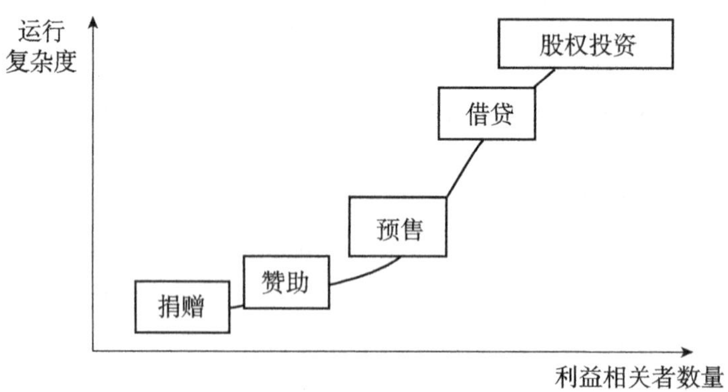

图 6－1　众筹商业模式的多种类型

模式一，捐赠与赞助。捐赠与赞助模式是无偿的投资模式，大众可以通过网站直接选择捐赠或者赞助小额的现金。一些公益机构的网站允许直接在网络上捐款，通过网络来扩大捐款的来源。公益机构的管理者或组织公益活动的个人可以利用自身在网络社区和社交网站中的影响力发起资金赞助。

模式二，预售。预售模式是普遍应用的模式，美国的 Kickstarter 网站以及中国的点名时间网都使用该模式。产品或服务在创造出来前就已经发布在网站上吸引投资者，投资者选择投资后会在规定期限内收到该产品或服务。筹资流程由筹资人开始。首先由筹资人发起筹资，把筹资项目的内容发布到网站上。每个项目必须在发起人预设的时间内获得超过目标金额的投资，否则会被下架也不能获得任何资金。投资者选择自己感兴趣的项目，并投资小额的现金。项目成功后，网站将监督项目发起人执行项目，并确保项目完成后筹资人发放实物报酬。报酬必须是非现金或者非股权式的，大多为

实物回报或者服务承诺。比如在一个微电影的筹资项目中，投资人以电影的纪念卡片和电影光碟为报酬。众筹平台对于回报方式的限制基于两个理由：第一，非现金的回报方式避免所有权纠纷。Kickstarter公司解释说，这种类型的众筹与股票交易不同，尽管投资者享受了项目产生的产品，但是项目的所有权应该完全属于项目发起者，该项目未来可能产生的收益属于项目发起者。第二，非现金和非股权的报酬能够回避国家金融监管机构的审查，因为实物的回报方式与金融投资回报有明显的差别。项目不回报现金或股权，使得投资项目更像一种购买行为而不像投资行为，从而避免非法集资之嫌。虽然该模式的网络平台会监督筹资项目的运行和资金使用情况，但是投资者承担了主要的投资风险，众筹平台不保证项目的真实性和报酬发放的及时性。Kickstarter公司表示："不对项目发起者完成项目的能力作保证，投资者要尽可能了解发起者和该项目的计划，并且尽可能地从发起者直接获取信息。"相比之下，中国的点名时间网更加考虑投资者的利益：项目筹资成功后网站先付50%资金给项目发起者，在确认项目完成了一半或接近完成后再付余款，以保证项目如期进行，投资者能够收到回报。

模式三，借贷与股权投资。该模式与预售模式有许多相同之处，根本上的不同是回报方式。由于报酬是现金或者公司股权，该模式更适合中小企业融资。Earlyshare属于该模式的众筹平台。Earlyshare在美国JOBS法案出台前就已经尝试为企业提供众筹渠道，JOBS法案正式生效后，Earlyshare协助美国证券交易委员会制定众筹法律规范，成为行业中有声望的企业。Earlyshare把投资企业分为两种：一种是小型企业（small business），即已经建立的小企业，投资者根据企业过去的发展状况和企业未来的发展计划来判断是否投资；另一种是创业公司（early-stage company），即有创意的创业者要吸引投资建立新的公司。Earlyshare分别为两种类型的企业设计出不同的众筹流程，前者旨在强调企业的投资回报率，后者旨在宣传该创意的商业前景。每个筹资的企业会设定筹资目标，一旦达到筹资目标，投资人的资金就被转交给企业，投资人则根据投资金额获得企业的股权。

四、国内众筹的未来发展

中国众筹的发展处在起步阶段，由于缺乏相关法律法规，众筹一度处于非法集资的边缘。众筹是互联网金融的一个重要模式，它的发展将促进我国投融资体系的发展与创新。与美国相比，我国的社会融资体系中间接融资占据了总额的绝大多数。众筹平台能够直接触碰到大众，并且可以依靠大众进行有效的筹资企业的信息披露，使得社会信用在企业融资中发挥更大的作用，省去金融中介机构烦琐的程序。从我国中小企业和创业者的角度来看，众筹有效地解决中小企业的资金问题和创业企业在起步阶段的资金困难。由于中小企业和创业企业处于经营初期，经营前景不明朗，银行等金融机构一般持保守态度，不愿意承担较大的投资风险。利用众筹融资，就可以有效避免问题。首先，投资的风险被众多的投资人分散。每个大众投资人的投资额度非常小，即使对某些企业的投资风险较大，投资者个体还是可以接受风险的。例如美国 JOBS 法案规定，众筹投资人单次投资上限为 2 000 美元，实施众筹的项目通常都有成百上千个小微股东。其次，创业企业富有创意的项目通过互联网直观表现，更容易获得大众的支持，大众出于非经济利益的动因会去支持这些项目，经济收益不会成为人们投资的主导因素。最后，尽管投资额度很小，但是对于中小企业和创业企业来说，这些资金足够企业进行发展，众筹在一定程度上发挥了小额贷款的作用，但比小额贷款更加便利。

为实现中国众筹事业进一步发展，本章从宏观层面及微观层面为参与众筹的各主体提出以下建议。

（一）宏观层面

第一，尽快允许和推动股权众筹。美国 JOBS 法案的颁布引起了我国许多投资者对股权众筹合法化的期待。初期的股权众筹发展，

无论是在运营模式还是信用体系的完善方面，抑或是退出机制方面都存在许多亟待解决的问题。因此，从宏观层面来看，相关部门应尽快厘清股权众筹的定义和范围，推动股权众筹的发展。

第二，政府也应为引导和规范众筹模式的发展采取措施。2015 年 3 月国务院办公厅发布的《关于发展众创空间推进大众创新创业的指导意见》提到了国务院将开展互联网股权众筹融资试点，可见国家正积极推动众筹模式的发展。国家开展互联网股权众筹融资试点是大胆的尝试，但同时存在着风险与不确定性，因此除了国家的支持，也必须有法律进行规范。在多种众筹模式并存的局面下，政府及金融监管部门作为监管主体应对不同模式、不同参与主体等方面进行多角度的监管。同时，鼓励金融监管部门与国家知识产权监管部门进行多方合作，以保障筹资者的知识产权不受侵害。在政策层面上，有关监管部门需要积极制定并落实监管法规，避免出现监管盲区。公司的准入条件、经营活动等必须得到有效的规范，才能促进众筹模式的健康发展。

（二）微观层面

第一，筹资方应丰富回报形式。除了提供优质的产品回报或以金钱、股权等作为回报形式外，筹资人应以更新颖的回报方式吸引领投人投资，也可提供多种回报形式供投资人自主选择。国内用户参与众筹最主要的动机是经济回报。因此，提供合理的金钱报酬或产品回报有助于提高众筹绩效。

第二，提高项目的趣味性。从众筹模式目前在我国的发展来看，产品众筹是发展最迅速的。起初产品众筹大多是智能产品的众筹，这些产品大多未曾上市、非常新颖，投资方因为对这些产品产生兴趣而产生投资行为。作为国内最早的一批众筹平台之一，点名时间网转型为智能硬件的预售网站，也是抓住了投资者的猎奇心态。因此，提供新颖并且有趣的项目至关重要。

第三，众筹平台需要完善网站社交功能。Kuppuswamy 等（2013）指出许多项目的集资都是依赖以前的投资者，因此筹资者必须依赖自己的社交圈，并与自己的社交网络保持积极主动的联系。美国众筹平台 Kickstarter 网站与社交网站 Facebook 进行合作，参与者可通过 Facebook 与他人分享自己的众筹项目。这不仅可以吸引到与自己有人际连带的投资商进行投资，还可以增加项目的曝光度。

第四，筹资方发布众筹项目时需要根据项目性质合理选择众筹平台。参与不同类型众筹的人会对众筹项目的绩效产生影响。目前，针对不同领域的众筹平台细分趋于明显，特定的众筹平台上用户的参与动机与喜好均有差异。因此，融资人在发布项目时需要合理选择众筹平台。比如，若融资人欲发起音乐类众筹项目，对于此类项目有投资意愿的人会齐聚针对音乐唱片或演唱会的众筹平台，因此融资人适于选择 5sing 音乐众筹网进行筹资。

第 2 节　P2P 金融及其模式

一、P2P 金融的发展

P2P 意为 peer to peer，也就是个人对个人，在金融领域指一种不以传统金融机构为媒介的借贷模式。P2P 借贷的历史可以追溯到 1983 年，来自孟加拉国的尤努斯博士创建了格莱珉银行，基于“我为人人，人人为我”的服务宗旨，为成千上万的贫困用户提供小额贷款等业务，帮助他们脱贫。随后不断发展的信息技术削弱了电子商务市场中传统中介的作用，消费者间的借贷活动可以直接由借贷双方来完成（Meyer，Heng，Kaiser，2007）。

由 4 个英国年轻人共同创办的 Zopa 是 P2P 信贷平台的雏形，2005 年 3 月出现在英国伦敦。Zopa 意为 zone of possible agreement，即可达成协议的空间。在 Zopa 平台上，投资者贴出自己的可借金额、利率和借款时间，借款者根据用途和所需金额搜寻想要的贷款

项目，Zopa 只是作为中介平台收取手续费来赚取利润。此后，各种各样的借贷平台不断涌现。英格兰银行于 2013 年宣称，P2P 借贷可能会成为下一个十年金融市场上的主要力量。美国首家 P2P 借贷网站 Prosper 从 2006 年 2 月开始运行，2007 年 5 月 Lending Club 成立，这两家网站如今是美国发展最好、规模最大的 P2P 网络借贷平台，2007 年诞生的德国首家 P2P 借贷平台 Smava 也是较为成功的网络借贷平台。由于各个国家之间的法律制度不同，目前基本上所有的 P2P 借贷平台都只针对国内用户提供借贷服务。目前规模最大的 P2P 金融平台是美国的 Prosper 和 Lending Club。正是这些网贷平台的成功使得 P2P 借贷在世界范围内获得认可。

我国最早的 P2P 借贷平台拍拍贷成立于 2007 年，2010 年之后 P2P 金融平台才开始陆续出现，并作为一种较为新颖的创业模式被国内创业者不断尝试，其市场规模在 2014 年底已达 1 000 亿元（宏皓，2015）。自 2014 年起，国内 P2P 网络借贷平台呈现爆炸性的增长趋势。艾瑞咨询数据显示，我国网络借贷行业交易规模在 2015 年达到 8 000 亿元人民币，用户规模达 3 970.1 万人。同 Zopa、Prosper、Lending Club、拍拍贷等平台的创业理念一样，很多 P2P 金融平台创建的目的是希望从用户的需求出发，通过自身商业模式和产品服务的创新，根据贷款人和借款人的不同需求为其提供差异化的金融产品。2016 年 8 月落地的《网络借贷信息中介机构业务活动管理暂行办法》对 P2P 平台的业务模式做出了明确规定，加强了监督力度，给 P2P 行业的发展带来了深远的影响。

2018 年以来，P2P 网贷行业在宏观经济下行、合规整改备案延期、年中“爆雷”危机的多方夹击下，由持续多年的增长调头进入下行阶段。P2P 网贷行业的高速增长在 2018 年中止，并在下半年急转直下。根据刘茜琳（2018）调研的数据，从平台数量来看，自 2017 年 7 月到 2018 年 6 月的一年间，P2P 平台新增 141 家，消亡 1 407 家，消亡平台数量是新增平台的近 10 倍。在“爆雷”高峰 7 月，仅半个月就有 131 家 P2P 平台“爆雷”倒闭。至 2018 年第三季度，还在运营中的平台数量已经减少到 2017 年的一半。从贷款指标来看，2017 年上半年 P2P 贷款余额超过 1 万亿元，单月借款人数最多时超过 500 万人。2018 年开年以来，P2P 贷款余额由 1.3 万亿元一路下滑，尤其是下半年，受平台“爆雷”影响，P2P 贷款余额比年初下降 20%，当月借款人数由约 430 万下降至 280 万。部分互联网金融领域的信贷资金重新回到银行体系。2018 年下半年以来，监管部门对 P2P 网贷行业的约束增强，政策的推动让合规备案成为网贷全行业的核心要务。

P2P 平台问题频现的背后有国家监管政策不到位的原因，也有国内征信机制不完备的原因，但根本原因是 P2P 平台自身运行机制不完善、不合规，未能较好地控制风险，从而导致坏账率高，乃至平台倒闭。

二、P2P 金融的界定

P2P 的概念最早起源于计算机网络技术，也称移动对等网络，本义是为个体用户提供直接交换和共享资源的平台，以便用户直接进行高效的、自由的信息传递和交换（欧中洪等，2008）。随着互联网技术的不断发展，这一计算机网络架构的概念也被应用到金融领域。P2P 金融也称为 P2P 网络借贷、P2P 信贷等，国内外的学者对其定义不尽相同，Meyer 等（2007）最初将 P2P 金融定义为不经由银行等金融机构而由网络平台为个人之间进行直接借贷活动提供信贷中介服务的媒介。通过对众多定义的理解，本书认为 P2P 网络借贷是指借助互联网技术，为借贷双方搭建网络虚拟平台，个人可利用该平台将自己的闲散资金或者出于投资目的出借给资金需求方，这种借助网络平台的运营模式为投融资双方的直接对接提供了便利。

P2P 金融的本质就是“互联网＋民间借贷”。不通过金融中介的民间借贷形式早就不是新鲜的商业模式了，民间借贷通过与互联网技术相结合进行升级促成了更加灵活简便的新型借贷形式——P2P

网络借贷。相较传统的民间借贷形式，P2P 网络借贷可以使信息更加公开和透明。在传统的民间借贷活动中，借贷业务的大部分参与者局限于熟人，P2P 网络借贷可通过信用审核、信用评级、信息披露、引进第三方担保机构等手段，吸引更多的用户参与。P2P 网络借贷平台的运行模式符合互联网背景下新组织模式的去中心化、去中介化的特征。

三、P2P 金融的运行模式

国外 P2P 金融模式较为统一，只为用户提供交易平台，基本只提供线上服务，并与银行合作完成放款流程；国内 P2P 金融模式类型较多，鉴于国内征信机制建设的缺失，多为线上线下相结合的方式，并与第三方机构合作分散风险。在监管现状上，国外 P2P 金融平台进入门槛较高，监管主体介入较高，监管机构定期进行信息披露，且有明确的法律制度规范；国内 P2P 金融平台进入门槛很低，监管主体介入较低，监管机构也未进行定期的信息披露，目前只有行业暂行管理办法。

（一）国外主要的 P2P 金融平台的发展模式

国外的 P2P 金融平台基本都是直接无担保的，投资者通过获得一些客观信息（如借款人的信用评级、贷款规模、利率、期限和目的）借钱给特定借款人（Galloway，2009）。这也符合 P2P 网络借贷平台的创建初衷，就是为有需要的借款人和手中有富余资金的投资者提供对接平台，剔除了银行这类中介机构。P2P 金融平台的盈利来源于收取服务费，如果发生违约，则由借款人承担损失而不是 P2P 借贷公司承担损失，P2P 金融平台实际上并不介入双方的资金流通过程。

目前美国引领世界的 P2P 交易，其 P2P 行业的发展模式较为统一，本章将对美国的 P2P 网络借贷模式进行简要介绍。从平台创建开始，美国就为P2P行业的进入设立了较高的门槛，所有平台必须在证券交易委员会进行注册登记，美国证券交易委员会定期对P2P平台进行信息数据披露，并公布平台的收益权凭证。国外P2P网络借贷平台的交易流程以Lending Club和Prosper为例，平台通过与WebBank合作，由WebBank对借款人进行放款，其运行流程如图6－2所示。首先，P2P平台会对借款人进行审核评级；然后，平台根据借款人的信用等级设定具体利率；最后，在通过WebBank审核后，银行会将债权凭证卖给P2P平台，平台支付给WebBank资金，再由银行发放贷款给借款人。国外P2P网络借贷平台这种类似资产证券化的操作，不仅可以提高资产的流动性，也可以最大限度地实现风险的分散（李东卫，2014）。

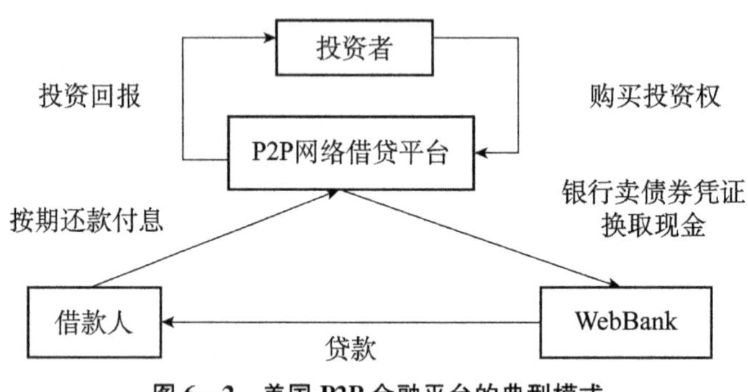

图6－2　美国P2P金融平台的典型模式

（二）国内主要的P2P平台的运行模式

国内学者对P2P金融运行模式的分类不尽相同。艾金娣（2012）认为中国的P2P模式可分为纯线上模式、线下与线上相结合模式、助学平台模式。[①] 奚尊夏（2012）认为国内P2P金融模式主要有五类：第一类是纯线上模式；第二类是以线下为主有抵押的模式；第三类是以线下为主开展信用贷款业务的模式；第四类是以线上信息

① 我国P2P平台建立之初主要借鉴国外形式，但是我国征信体系不完善，经过几年的发展，P2P平台由纯粹的线上模式发展成线上线下相结合的具有自己特色的运行模式。

平台经营为主的模式；第五类是以阿里小贷为代表通过用户交易信息对其会员发放信用贷款的模式。本章综合国内学者的分类方式，将 P2P 网络借贷平台分为单纯信息中介模式、风险资金保证模式、担保公司担保模式和债权转让模式四种模式。

拍拍贷平台是单纯信息中介模式的典型，单纯信息中介平台只为借贷双方提供信息筛选、信息披露、借款人信用审核和评级、供需匹配、交易管理等服务，平台本身不对交易担保，交易双方自行承担风险。平台的盈利模式是收取成交服务费、充值服务费和取现服务费。平台的用户社区是拍拍贷论坛，活跃度高。

风险资金保证模式的代表平台是红岭创投，该类平台一般会设立风险准备金账户。平台会从每笔成交的交易中抽取一定的费用作为风险准备金，一旦风险发生，该项资金可用于赔付违约损失。平台一般会收取服务费、利息、信用审核费和账户管理费。平台的会员中心活跃度较高。

担保公司担保模式的代表平台是陆金所，平台会对每个项目提供一份三方合同，其中的第三方即为担保公司。一旦发生借款人违约情况，即由担保公司负责补偿投资人损失。投资者的利益可以得到一定的保障。陆金所一般会收取成交手续费和信息服务费。陆金所背靠中国平安保险股份有限公司，由平安普惠金融进行风控和管理，筛选有资信保障的资产进入陆金所线上交易平台。陆金所盈利来源于平台收取的中介服务费和手续费。陆金所网上交易平台未设立用户交流社区。

债权转让模式平台先在线下达成借贷协议，再把债券转让给投资者，代表平台是宜信和积木盒子。其中，宜信的线下营业网点较多，并且建立了保障金制度，因此风控能力较强。由于有线下业务，宜信一般会收取相对较高的费用，平台的盈利能力较强，但线上业务宜人贷的用户社区宜人问答内的用户活跃度较低，且内容较分散。积木盒子的用户社区积木坛子内用户活跃度很高。

以上阐述的四种模式的 P2P 网络借贷平台参见表 6－1。

表 6-1 我国 P2P 金融平台的四种运行模式及其代表平台

经营模式	运作流程	代表平台	盈利方式	用户社区
单纯信息中介模式	平台的职能仅限于作为信息中介为用户提供信息筛选、信用审核、信用评级、信息披露、资金托管等服务，平台不对用户的交易行为提供任何形式的担保，用户需自担风险	拍拍贷	成交服务费、充值服务费、取现服务费	拍拍贷论坛（活跃度高）
风险资金保证模式	平台为分散风险会设立风险准备金账户。平台除完成一般交易流程设计之外会从每笔成交的交易中对投资人抽取一定比例的费用，按照借款人还款数额抽取一定比例的费用。费用资金的抽取用于风险资金池建设从而弥补用户损失	红岭创投	服务费、利息、信用审核费、账户管理费	红岭社区（活跃度高）
担保公司担保模式	平台引入第三方担保机构，平台上的每笔交易都须由第三方担保公司介入。发生违约情况时，担保公司将负责赔偿投资人的损失	陆金所	成交手续费、信息服务费	无
债权转让模式	平台采用线上线下相结合的模式，平台在线下由专门的贷款办理团队与借款人达成协议，再由线上审核通过，将债券转让给投资者	宜信、积木盒子	服务费、利息、账户管理费	宜人问答（活跃度低）积木坛子（活跃度高）

四、国内 P2P 网络借贷平台的发展及监管现状

不同于英美的 P2P 平台仅专注于做单纯的信息中介，目前我国纯中介性质的 P2P 平台屈指可数，大部分平台都会引进第三方担保

机构（张锐，2014），但对于 P2P 平台来说，对投资者提供担保是一把双刃剑（刘征驰，赖明勇，2015）。平台虽可在短期内吸引大量用户但会给平台带来较重的负担，国内许多 P2P 平台都采取了有条件担保模式，为投资者提供本金保障。在自身管理方面，我国有相当一部分 P2P 平台存在资金池问题，很多企业在创建 P2P 平台时仅仅看重平台吸引来的大笔资金而忽视了其中介服务的职能，造成 P2P 金融公司管理机制的不健全。这类平台通过高收益率来误导投资人，将投资人的资金汇聚之后再以高利贷的形式转借他人。很多 P2P 金融平台并没有建立可靠的资金审查制度，对于不正当渠道来源的资金不能及时处理，会给出资人的资金安全带来威胁。

P2P 行业主要有四大风险：道德风险、流动性风险、信用风险和政策风险。平台通过自身规范化的管理可以明显降低前三种风险，国家加大整合力度，不断出台新规来规范 P2P 行业的发展。P2P 金融在国内的发展历程伴随着国家监管力度的逐步加强。

从监管主体来看，P2P 金融平台既涉及互联网又涉及金融行业，监管主体很难明确。目前管理层采用负面清单的管理方式。2014 年 3 月，“促进互联网金融健康发展”被写入政府工作报告。政府将 P2P 划归银监会进行监管，发布《关于促进互联网金融健康发展的指导意见》。2016 年 8 月 24 日，银监会、工业和信息化部、公安部、国家互联网信息办公室共同发布了《网络借贷信息中介机构业务活动管理暂行办法》，标志着网络借贷没有行政监管的时代结束了，界定了网络借贷的内涵就是单纯的信息中介，明确了网贷监管各相关主体的责任，规定实行客户资金由银行业金融机构第三方存管制度，尤其是明确规定了同一借款人在同一网贷机构及不同网贷机构的借款余额上限。

从监管思路来看，2014 年 9 月底，银监会针对 P2P 的行业乱象提出监管的十项原则，包括：P2P 机构禁止设立资金池；P2P 金融平台要实行实名制，借贷双方均需实名登记；P2P 机构应明确信息中介的职能；等等。目前 P2P 金融平台还充当信用中介，参与借贷活动，为借贷双方提供其他信用支持。蒋仲山（2014）认为 P2P 市场的监管首先要提高准入门槛；P2P 平台要引入资金托管，并禁止为投资人提供担保，不再承担系统风险和流动性风险；P2P 行业应当按照规定披露信息；P2P 行业自身要加强自律；P2P 平台必须坚持小额化，支持个人和小微企业的发展。然而，P2P 金融公司屡屡触碰红线。

2015 年 7 月国务院印发的《关于积极推进“互联网+”行动的指导意见》提出，要加强互联网金融消费权益保护和投资者保护，建立多元化金融消费纠纷解决机制。随后更为具体的《关于促进互联网金融健康发展的指导意见》由央行等十部门共同起草发布，被视为互联网金融行业的基本法。意见指出 P2P 网络借贷平台必须坚持以平台中介职能为主，重点为借贷双方提供信息互动和交流、双方撮合、信任评级等中介服务，不得提供增信服务，不得非法集资。

目前，国内有不少针对 P2P 金融平台的监管问题的研究。由于 P2P 金融平台在英美发展得比较成熟，很多研究提出要参照英美 P2P 行业的监管体系。黄震和邓建鹏等（2014）通过研究英美两国 P2P 行业监管立法原则，发现美国的监管政策比较全面，对 P2P 行业的监管力度最大。美国的法律体系规范中《消费者信用保护法》规定 P2P 网络借贷等同于民间借贷的管理范畴；英国的金融监管机构在 P2P 行业发展初期一直是通过行业自律协会进行自律管理，后来才引入金融行为监管局进行监管。余丰慧（2015）认为对于 P2P 金融行业存在的问题应主要依靠市场机制解决和修复，政府不应过度干预，不应实施一刀切的监管准入政策。对此，叶湘榕（2014）认为国内 P2P 行业监管应当借鉴英国经验，依靠行业自律来进行规范。其一，要设立行业协会的准入门槛，监督行业协会内成员经营的合规性；其二，行业协会要定期公布成员的必要财务数据，及时披露企业风险，加强行业透明度；其三，由行业自律组织组建行业信息共享平台，进行行业监督和风险警示。

对于国内的 P2P 行业监管来说，在确定银监会作为监管主体后，银监会还须规划建设新部门或指定相关部门负责 P2P 行业的监管审核等，其他金融机构（如中国人民银行及其分支机构）、工商行政管

理部门、工信部等也须履行相应的监管职责，并对借贷过程中交易双方的行为实施监管。欧美国家透明的个人征信体系保证了 P2P 平台的良好运营。因此，加快建设我国的社会信用体系，推动信息共享，有利于 P2P 行业的健康发展。

P2P 金融模式的固有缺陷和管理机制的问题导致 P2P 金融公司问题频发，因此 P2P 网络借贷平台必须加强自身管理才能保证平台稳定运行，吸引更多的用户参与。未来，优质 P2P 借贷平台会有更多话语权，有关 P2P 借贷平台的监管政策也会不断出台。随着监管政策的不断出台和我国征信系统的不断完善，将来的 P2P 借贷平台必将进入规范、健康发展的轨道。

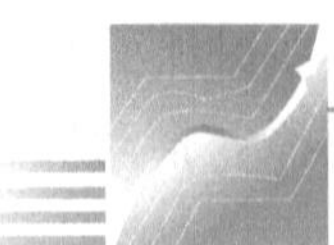

第 7 章

顾客创新及其对顾客体验的影响

顾客创新或用户创新是大众生产的一种表现形式。顾客创新侧重从企业营销的角度分析顾客参与产品和服务的设计与研发对企业营销绩效和顾客体验及满意的影响。互联网使顾客角色发生了巨大转变，顾客或者用户创新越发频繁。这调动了顾客与企业之间以及顾客之间在互联网上的互动，进而影响了顾客的体验。本章的研究从实证的角度考量了顾客创新、顾客互动、顾客体验三者之间的关系，并验证了顾客互动在顾客创新和顾客体验中的中介作用。本章能够丰富顾客创新的相关研究，并为企业创造更好的顾客体验提供管理建议。

第1节　理论综述与研究假设

创新是企业创造和保持竞争优势的重要生存和发展战略。近年来，企业竞争的加剧以及外部环境的急剧变化使企业逐步开放自己的创新活动。早在20世纪中后期，学者Hippel（1976）就提出新产品开发应当由制造商主导范式向顾客主导范式发展。国内学者王永贵（2011a）也认为，企业正面临着一个崭新的以顾客创新制胜的时代。随着近年来相关研究的不断深入，与顾客创新有关的新理论和新概念层出不穷，诸如大众生产（Benkler，2002）、众包（Howe，2010）、产消者（Toffler，1984）、价值共创（Prahalad，Ramaswamy，2000）。可见，顾客与企业共同创造价值正演变为一种强劲的趋势，成为企业竞争优势的重要源泉，相应地，顾客创新也变得越来越频繁、越来越重要（Nambisan，Baron，2009）。

在互联网环境下，顾客可以通过在社会化媒体、网络虚拟社区中与企业或者其他顾客进行互动来开展创新活动。近年来，顾客通过互联网参与的企业创新项目越来越多，顾客通过在线工具与其他顾客伙伴的联系也越来越频繁。在这种趋势下，有效的企业和顾客互动就成为企业竞争优势的重要来源（Voorveld et al.，2010）。顾客在消费过程中与产品或服务的互动情况会直接影响顾客体验的好坏（Meyer，Schwager，2007）。

因此，提供顾客参与创新的企业需要正确理解如何利用和引导互联网环境下的顾客创新，以创造更好的顾客体验，促进与引导企业和顾客之间的关系良性发展。基于以上背景，本章从互联网环境下顾客创新现象入手，探索顾客创新与顾客体验之间的关系以及以顾客互动为基础的中介机理。

一、顾客创新相关研究

顾客创新最早由 Hirschman（1983）明确提出，是指顾客以一种新颖的方式进行消费或与企业进行共同创造的行为。在之后的研究中，Hippel（1986）对顾客创新的原因进行了阐述，认为顾客参与创新是基于顾客由某种经济性或社会性的利益驱使产生的。国内学者王永贵等（2011b）从顾客创新过程中顾客作用的角度出发，提出顾客创新是顾客对自己所关注的产品或服务提出的任何新设想或改进，是顾客驱动的创新。在当今的互联网时代，实行顾客创新的企业可以创造一个平台，通过网络社区与顾客共同创造来促进企业的创新开发（Hanna et al.，2011）。

国内外对顾客创新绩效相关研究表明：对企业而言，顾客创新是新产品设计理念的重要源泉（Crawford，Benedetto，2011），是企业更好地了解顾客现有或潜在需求、偏好和行为等的有效途径（Veryzer，Mozota，2005）。对于顾客而言，参与创新可以获得乐趣、享受、娱乐、环境友好和社会地位等精神奖励（Walter et al.，2001）以及金钱、商品和奖品等物质奖励（Brian et al.，2014）。从双方交互的角度来看，顾客创新能够让生产者与顾客代表在新产品或服务开发中进行互动（Carbonell et al.，2009），建立顾客与企业间高水平的信任和承诺关系（Brodie et al.，2013）。从学者对顾客创新绩效的研究可以看出，顾客创新能够为企业带来更好的效益，为顾客带来更好的享受。因此，在互联网环境下，顾客创新无疑是企业价值创造的重要源泉。鉴于互联网环境下顾客创新对于企业的重要性，深入了解互联网环境下顾客创新过程中企业创造出色的顾客体验的内在形成机理十分必要。

二、顾客创新对顾客体验的影响

最早从经济学角度提出体验一词的是 Toffler（1970），他认为体验是商品和服务心理化的可交换物。对于互联网环境下的顾客体验，Novak 等（2000）将其定义为顾客通过网站所产生的心理、感知体验。Gentile 等（2007）把它定义为顾客从情感和认知两方面来解释自己对电子商务网站所形成的印象。关于顾客体验对企业的意义，Klaus 等（2013）认为正确的顾客体验是在线品牌成功的关键。贺和平等（2010）也指出有吸引力、丰富的体验是体验营销的一种较为有效的方式。对顾客体验的划分，目前较为认同的是 Schmitt（1999）所划分的感官体验、情感体验、思考体验、关联体验以及行为体验五个方面。在国内的研究中李建州和范秀成（2006）把顾客体验划分为功能体验、情感体验和社会体验三个维度。在对互联网环境下顾客体验的划分中，Chen 和 Chang（2003）在研究网络购物的顾客体验时，将感官、快乐以及相互间关系等作为顾客体验的维度划分。Rose 等（2011）认为在线顾客体验包括情感和感知体验两方面。本章结合互联网背景下顾客创新特点和研究目的，将顾客体验按功能体验、情感体验、认知体验和社会体验四个维度进行划分。功能体验指产品或服务的功能特性对顾客需求满足的主观认知程度。情感体验指这一过程中顾客建立与企业及其他顾客的情感联结。认知体验是顾客创新活动中对问题的思考和有意识地获取知识，促使顾客学习相关领域的知识和技巧并突破现有创造力而带来的体验。社会体验指顾客通过互动合作得到支持，找到归属感和友谊，即对社会性需求满足程度的感知。

关于顾客创新与顾客体验关系的研究，贺和平等（2010）指出企业应该为参与创新的顾客提供一种具有吸引力、丰富的体验。王家富（2005）认为产消者参与创新，可以满足他们在心理和情感上的需要，得到一种独一无二的参与体验。可见，顾客创新也是顾客获得体验价值的过程，积极良好的顾客创新活动有助于顾客体验的提升。基于以上论述，本章提出如下假设：

H1：顾客创新对顾客体验产生正向影响。

H1a：顾客创新对功能体验产生正向影响。

H1b：顾客创新对情感体验产生正向影响。

H1c：顾客创新对认知体验产生正向影响。

H1d：顾客创新对社会体验产生正向影响。

三、顾客创新对顾客互动的影响

互动，有学者称为交互，指借助信息技术或各种通信技术进行的沟通与交流，有较为明显的交互性（庄贵军等，2012）。对于顾客互动，学者从不同的角度做了不同阐述。从顾客与企业互动角度讲，顾客互动是企业通过电子媒介与一个或者多个顾客持续的、双向的信息交换和共同行动（Grönroos，2006）。从顾客与顾客互动角度讲，顾客互动是指顾客与其他顾客基于互联网的社区、论坛等虚拟平台进行的交流和沟通过程（Novak et al.，2000）。此外，在顾客与顾客以及顾客与企业双层互动方面，学者认为互联网环境下互动的方向不受空间和时间的约束（Ramani，Kuma，2008），是顾客与整个虚拟品牌社区（包括产品或服务供应商和其他顾客）全方位的互动（张欣等，2014）。对顾客互动的相关研究表明，顾客与企业的互动使企业可以得到顾客关于品牌以及与其他评论者互动的意见，更好地了解顾客（Shawhney et al.，2005）。在关于顾客互动的研究中，学者对顾客互动进行了不同的划分。Verhoef 和 Langerak（2001）将互动划分为企业与顾客间互动、顾客间互动、企业与整个社区互动以及社区间互动四个维度。Yadav 和 Varadarajan（2005）从营销学的角度，把互动划分为企业感知互动和顾客感知互动。唐嘉庚（2006）提出顾客与企业间互动、顾客与顾客间互动以及顾客与网站间互动三个维度。Florenthal 和 Shoham（2010）把互动划分为顾客与产品间互动、顾客与顾客间互动、顾客与电子媒介间互动以及顾客与信息间互动。尽管学者们对顾客互动的研究维度没有达成共识，但比较一致的看法是顾客互动包含顾客与企业之间的互动和顾客与顾客之间的互动。因此，本章从顾客与企业间互动和顾客与顾客间互动两维度进行研究。

对于顾客创新与顾客互动关系的研究，Rothwell（1992）认为企业创新在一定程度上就是一种涵盖企业内外部互动的分布式和交互式过程。Grönroos 和 Voima（2013）从资源整合的角度指出顾客创新会影响顾客与企业的互动、沟通过程。此外，Blocker 等（2001）在研究价值共创时指出，企业鼓励顾客分享信息与企业一起解决问题在一定程度上促进顾客互动。可见，顾客创新促进顾客与企业及其他顾客进行在线双向互动。基于以上论述，本章提出如下假设：

H2：顾客创新对顾客互动产生正向影响。

H2a：顾客创新对顾客与企业间互动产生正向影响。

H2b：顾客创新对顾客与顾客间互动产生正向影响。

四、顾客互动对顾客体验的影响

根据顾客互动与顾客体验关系的文献，顾客体验源自顾客与体验提供物之间的交互，并不是凭空产生的（Lasalle，Britton，2003）。在顾客互动对顾客体验影响的研究中，Fleming 等（2005）认为，顾客和企业的每一次互动都为顾客体验价值提供了机会，良好的互动会产生高的体验度。研究发现，除了顾客感知到的产品或服务的功能利益外，顾客交互所产生的信息还会影响顾客的感知和体验（Ángeles et al.，2014），也会影响顾客的内在情感（王永贵，马双，2013），也会影响顾客的社会性体验（Srivastava，Kaul，2014）。另外，顾客在虚拟交互平台上发表自己的想法和建议时，知识和信息的碰撞会影响顾客对于知识和经验的认知性体验（徐岚，2007）。综上，本章提出如下假设：

H3：顾客互动对顾客体验产生积极的影响。

H3a：顾客与企业间互动对功能体验产生正向影响。

H3b：顾客与顾客间互动对功能体验产生正向影响。

H3c：顾客与企业间互动对情感体验产生正向影响。

H3d：顾客与顾客间互动对情感体验产生正向影响。

H3e：顾客与企业间互动对认知体验产生正向影响。

H3f：顾客与顾客间互动对认知体验产生正向影响。

H3g：顾客与企业间互动对社会体验产生正向影响。

H3h：顾客与顾客间互动对社会体验产生正向影响。

五、顾客互动的中介作用

学者对顾客互动及价值共创的相关研究，为本章中研究互联网环境下顾客互动在顾客创新和顾客体验间的中介作用提供了理论借鉴。Christodoulides 等（2004）在研究中发现，线下传统的面对面与工作人员互动的元素逐渐被互联网上设计的在线互动元素替代。Payne 等（2008）认为企业和顾客在各节点互动将产生个性化的体验，价值存在于这种共同创造的独特体验之中。通过前文的文献不难看出，顾客创新的发生是基于顾客的亲自参与，参与过程中会产生感知到的整体性体验，这种体验是在互联网环境中多渠道地与企业及其他的顾客互动而产生的。因此，顾客参与企业创新的过程也是顾客与企业及其他顾客互动的过程。顾客通过交互产生不同的顾客体验，可以认为只有通过良好的顾客互动，顾客创新活动才能产生较高的顾客体验度。据此，本章提出如下假设以及图 7－1 所示的整体理论模型：

H4：顾客互动在顾客创新和顾客体验间起完全中介作用。

H4a：顾客与企业间互动在顾客创新和功能体验间起完全中介作用。

H4b：顾客与顾客间互动在顾客创新和功能体验间起完全中介作用。

H4c：顾客与企业间互动在顾客创新和情感体验间起完全中介作用。

H4d：顾客与顾客间互动在顾客创新和情感体验间起完全中介作用。

H4e：顾客与企业间互动在顾客创新和认知体验间起完全中介作用。

H4f：顾客与顾客间互动在顾客创新和认知体验间起完全中介作用。

H4g：顾客与企业间互动在顾客创新和社会体验间起完全中介作用。

H4h：顾客与顾客间互动在顾客创新和社会体验间起完全中介作用。

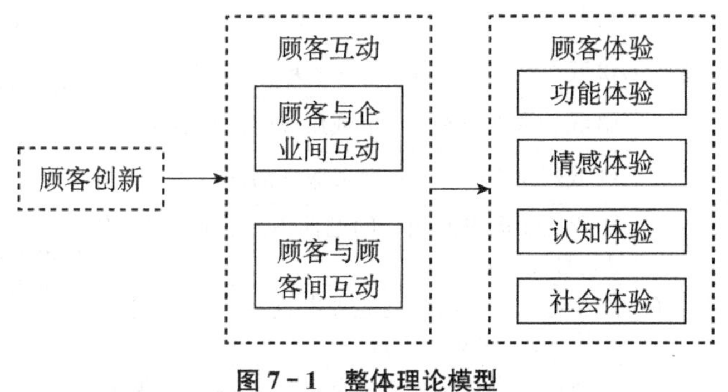

图 7－1　整体理论模型

第 2 节　研究方法

一、问卷设计

本章采取问卷调查研究的方法。问卷在结构上主要分为两大部分。第一部分是对被调查者个人信息的调查，包括性别、年龄、职业及教育程度。（由于顾客创新属于顾客行为，可能会受到顾客个人因素的影响，因此本章将顾客性别、年龄、职业及教育程度四个因素作为控制变量，综合考察这些因素可能产生的影响。）第二部分是对相关变量的调查，包括对顾客创新、顾客互动（顾客与企业间互动和顾客与顾客间互动）以及顾客体验（功能体验、情感体验、认知体验和社会体验）的调查，采用李克特 5 级评分法，即从很不同意到非常同意分为 5 个等级，分别赋值 1，2，3，4，5，由被调查者对问卷中有关顾客创新、顾客互动和顾客体验的描述进行打分。第二部分的调查参考了国内外的相关研究，并根据研究对象的实际情况进行了改编。具体量表如表 7-1 所示。

表 7-1　变量的测量量表

类别	名称	测量题项	来源
顾客创新	顾客创新	A1 我经常在线参与产品或服务创意与设计的征集、评价	Scott & Bruce (1994)，Fang 等 (2008)，Zwass (2010)
		A2 我经常在线参与产品或服务开发方案的实施	
		A3 我经常在线参与产品或服务的评测活动	
		A4 我经常在线参与产品或服务的推广活动	
顾客互动	顾客与企业间互动	B1 我在线提出的相关问题能得到企业及时回复，且密切程度高	Preece (2001)，Nambisan & Baron (2009)，Yi & Gong (2013)
		B2 我花费较多时间与企业共同探讨相关创新问题，相互请教和支持	
		B3 我与企业在线就创新问题进行沟通的频次较高，信息交换频繁	
	顾客与顾客间互动	C1 我经常将自己的产品或服务使用经验在线分享给其他顾客	Gruner & Homburg (2000)，Koh 等 (2004)，Yoo 等 (2012)
		C2 我在线参与创新的行为能够得到其他顾客的响应和鼓励	
		C3 我经常在线积极回应其他顾客遇到的产品或服务问题，并帮助他们解决难题	
顾客体验	功能体验	D1 在线参与创新让我更真实地感受产品或服务给我带来的好处	Schmitt (1999)，Brakus 等 (2009)
		D2 我认为自己在线参与创新的产品或服务性价比较高	
		D3 在线参与创新的产品或服务正是我想要的	
	情感体验	E1 在线参与创新令我心情愉悦	Schmitt (1999)，Brakus 等 (2009)
		E2 我享受在线参与创新的经历和过程	
		E3 通过在线参与创新我感到一种强烈的归属感	

续表

<table>
<tr><th>类别</th><th>名称</th><th>测量题项</th><th>来源</th></tr>
<tr><td rowspan="6">顾客体验</td><td rowspan="3">认知体验</td><td>F1 在线参与创新活动激发了我对相关问题的兴趣和思考</td><td rowspan="3">Schmitt (1999), Brakus 等 (2009)</td></tr>
<tr><td>F2 通过在线参与创新，我获得很多有用的信息和特定产品或服务使用问题的解决方案</td></tr>
<tr><td>F3 通过在线参与创新，我能了解和掌握更多相关知识和技能</td></tr>
<tr><td rowspan="3">社会体验</td><td>G1 通过在线参与创新，我可以认识和结交很多新朋友</td><td rowspan="3">Schmitt (1999), Brakus 等 (2009)</td></tr>
<tr><td>G2 在线参与创新可以增强我与企业及其他顾客的联系</td></tr>
<tr><td>G3 通过在线参与创新，我觉得社会地位有所提高，并感觉自己在社会上被尊重</td></tr>
</table>

二、数据收集

本章的问卷采取网上发放的方式进行，被调查对象主要为参与小米社区、爱卡汽车网、威锋网、360 安全社区中企业相关创新活动的参与者。目前，虚拟社区有大量让顾客相互交流的创新内容和问题，拥有大量参与创新的顾客。小米社区、爱卡汽车网、威锋网、360 安全社区等社区有典型的和成熟的顾客创新板块供顾客方便地参与企业的相关创新，同时社区中的相互间交互也较为频繁和便捷。本章在问卷星网站上制作网络问卷，主要以两种方式发放：一是将问卷链接通过社区私信发送给调查对象；二是通过这些社区中与顾客创新相关板块的管理员将问卷发放给一些深度参与到相关在线创新中的顾客。本次调研共回收问卷 303 份，其中有效问卷 220 份，样本有效率为 72.6%。有效样本的数据特征见表 7-2。

表 7-2　样本特征表

个人信息	类型	人数	百分比	累计百分比
性别	男	104	47.3%	47.3%
	女	116	52.7%	100.0%
年龄	25 岁及以下	81	36.8%	36.8%
	26～35 岁	128	58.2%	95.0%
	36～45 岁	9	4.1%	99.1%
	46～55 岁	2	0.9%	100.0%
	56 岁及以上	0	0.0%	100.0%
职业	全日制学生	49	22.3%	22.3%
	科学研究者	34	15.5%	37.7%
	企业员工	69	31.4%	69.1%
	事业单位员工、公务员	19	8.6%	77.7%
	个体工商业者	12	5.5%	83.2%
	其他	37	16.8%	100.0%
教育程度	高中及以下	11	5%	5%
	大学本科/大专	161	73.2%	78.2%
	硕士及以上	48	21.8%	100.0%

注：尾差调整，累计百分比略有出入。

三、量表的信度与效度检验

本章问卷的测量量表共涉及 3 个变量 22 个题项，从变量的均值和标准差可以看出，所收集的数据在一定程度上满足偏分和变异较小的特点。问卷共测量顾客创新、顾客与企业间互动、顾客与顾客间互动、功能体验、情感体验、认知体验和社会体验 7 个维度，整体的 Cronbach's α 值为 0.945。每个维度中的题项删除后 Cronbach's α 值均小于该维度的 Cronbach's α 值。各题项的 CITC 系数均大于

0.5，表明各变量内部各题项具有很好的信度。量表的描述性统计和信度检验如表 7-3 所示。

表 7-3　量表的描述性统计和信度检验

变量	维度	题项	均值	标准差	CITC 系数	维度 Cronbach's α 值	题项删除后的 Cronbach's α 值	变量总体 Cronbach's α 值
顾客创新		A1	2.80	1.002	0.746	0.893	0.868	0.893
		A2	2.67	0.980	0.821		0.841	
		A3	2.85	1.047	0.779		0.856	
		A4	2.86	1.035	0.711		0.882	
顾客互动	顾客与企业间互动	B1	2.76	1.110	0.733	0.894	0.886	0.912
		B2	2.56	1.094	0.781		0.854	
		B3	2.50	1.053	0.857		0.789	
	顾客与顾客间互动	C1	3.06	1.039	0.738	0.86	0.801	
		C2	2.98	1.051	0.744		0.795	
		C3	2.93	1.064	0.724		0.814	
顾客体验	功能体验	D1	3.26	1.052	0.627	0.802	0.749	0.929
		D2	3.21	0.977	0.666		0.700	
		D3	3.43	0.865	0.648		0.727	
	情感体验	E1	3.56	0.871	0.794	0.885	0.821	
		E2	3.50	0.873	0.809		0.808	
		E3	3.49	0.852	0.728		0.879	
	认知体验	F1	3.60	0.784	0.713	0.849	0.794	
		F2	3.83	0.837	0.713		0.794	
		F3	3.77	0.807	0.727		0.779	
	社会体验	G1	3.80	0.910	0.769	0.849	0.735	
		G2	3.72	0.840	0.764		0.744	
		G3	3.45	0.887	0.622		0.835	

本章对量表效度的检验主要考量量表的内容效度、构建效度以及区分效度。本章的研究建立在大量的理论基础上，研究量表的设计也主要是借鉴国内外以往的研究成果，部分题项根据研究背景和实际情况进行了修改，在设计问卷的过程中，与在线参与企业创新的顾客进行了沟通，并与导师、有关专家等进行了讨论，因此可以认为本章所设计的问卷具备良好的内容效度。在问卷的构建效度方面，本章将通过 SPSS19.0 统计分析工具运用探索性因子分析法（EFA）进行检验。由分析结果得到，顾客创新、顾客互动、顾客体验的 KMO 值分别为 0.819，0.870，0.920，且三个变量 Bartlett 球形检验的显著性水平为 0.000，表明三个变量均适合进行因子分析。因子分析共提取出 7 个公因子，各因子载荷值满足在一个维度中大于 0.5，各题项的公因子方差提取值均高于 0.6，对因子的解释能力较强。此外，各变量中提取的公因子分别解释各自变量 75.816%，80.763%，78.092%的变异量，表明公共因子分别能够较好地解释各自对应变量所包含的信息。因此，问卷中顾客创新测量量表具有较高的构建效度。在问卷的区分效度方面，同一个维度各测量题项均在一个公共因子上且因子载荷值大于 0.5，且相关分析中顾客互动变量内部的两个维度以及顾客体验内部的四个维度分别有显著的正向相关，但相关系数均小于 0.8，变量间不存在共线性，表明问卷具有良好的区分效度，如表 7－4 所示。

表 7－4　量表的效度检验

题项	因子载荷							公因子方差提取	累计方差贡献	KMO
	因子 1	因子 2	因子 3	因子 4	因子 5	因子 6	因子 7			
A1	0.862							0.742	75.816%	0.819
A2	0.907							0.823		
A3	0.880							0.774		
A4	0.833							0.694		

续表

题项	因子载荷							公因子方差提取	累计方差贡献	KMO
	因子 1	因子 2	因子 3	因子 4	因子 5	因子 6	因子 7			
B1		0.828						0.775	80.763%	0.870
B2		0.829						0.815		
B3		0.858						0.876		
C1			0.894					0.855		
C2			0.761					0.776		
C3			0.740					0.749		
D1							0.771	0.744	78.092%	0.920
D2							0.820	0.783		
D3							0.647	0.710		
E1						0.748		0.825		
E2						0.822		0.857		
E3						0.632		0.762		
F1				0.767				0.783		
F2				0.717				0.744		
F3				0.766				0.772		
G1					0.734			0.814		
G2					0.755			0.801		
G3					0.797			0.776		

第 3 节　假设检验与讨论

一、相关分析结果

我们采用 Pearson 相关分析法，在显著性检验上选择双尾检验，通过 SPSS19.0 统计分析工具对顾客创新、顾客互动、顾客体验以及各自的几个维度进行相关关系和相关程度分析，以对理论模型和假设的合理性进行初步判断（见表 7-5）。

结果表明，在 0.01 的置信水平上，顾客创新和功能体验、情感体验、认知体验和社会体验（$r=0.487$，$r=0.429$，$r=0.369$ 和 $r=0.391$），顾客创新和顾客与企业间互动（$r=0.751$），顾客创新和顾客与顾客间互动（$r=0.720$），顾客与企业间互动和功能体验、情感体验、认知体验和社会体验（$r=0.523$，$r=0.400$，$r=0.322$ 和 $r=0.364$），顾客与顾客间互动和功能体验、情感体验、认知体验和社会体验（$r=0.586$，$r=0.470$，$r=0.415$ 和 $r=0.402$），它们之间存在显著的正相关关系。初步表明顾客创新、顾客互动与顾客体验之间的关系，但相关性分析没有考虑变量间可能存在的共线性问题，因此需要采用回归分析对顾客互动的中介作用进行深入探讨。除此之外，顾客性别、顾客年龄与各变量均无相关性；顾客职业和教育程度对顾客创新、顾客与企业间互动、顾客与顾客间互动有一定的相关性。由于相关分析仅仅是对变量间关系的初步检验，因此，在后面的回归分析中，仍需将其引入分析中。

二、回归分析

（一）顾客创新对各变量的回归分析

根据前文的综述，本部分做自变量顾客创新对因变量顾客体验四个维度（功能体验、情感体验、认知体验和社会体验）以及顾客互动两个维度（顾客与企业间互动和顾客与顾客间互动）的回归分析，对模型进行检验。在对顾客创新与顾客体验四个维度以及顾客互动两个维度的关系做回归分析时，共包括 2 个模型。其中模型 1 仅将控制变量作为解释变量；模型 2 在模型 1 的基础上添加了顾客创新，对假设 H1，H1a，H1b，H1c，H1d 以及假设 H2，H2a，H2b 进行检验。

表 7-5　各变量相关分析

	1	2	3	4	5	6	7	8	9	10	11
1. 顾客性别	1										
2. 顾客年龄	−0.187**	1									
3. 顾客职业	−0.003	0.108	1								
4. 教育程度	0.023	0.110	−0.375**	1							
5. 顾客创新	−0.035	−0.037	0.175**	−0.292**	1						
6. 顾客与企业间互动	−0.130	−0.080	0.115*	−0.268**	0.751**	1					
7. 顾客与顾客间互动	−0.062	−0.016	0.213**	−0.264**	0.720**	0.730**	1				
8. 功能体验	0.049	−0.017	0.084	−0.081	0.487**	0.523**	0.586**	1			
9. 认知体验	0.028	0.011	0.112	−0.100	0.429**	0.400**	0.470**	0.693**	1		
10. 情感体验	0.091	0.007	0.067	−0.110	0.369**	0.322**	0.415**	0.590**	0.703**	1	
11. 社会体验	0.094	−0.074	0.067	−0.109	0.391**	0.364**	0.402**	0.523**	0.646**	0.704**	1

注：** 在 0.01 水平（双侧）上显著相关；* 在 0.05 水平（双侧）上显著相关。

如表 7－6 所示，不同变量回归分析中模型 2 中的 VIF 值远小于 10，表明模型不存在多重共线性问题。不同变量回归分析的模型 2 的 F 值均较大且均非常显著，Durbin-Watson 值均在 2 左右，表明各回归分析中残差与自变量独立。最终的分析结果表明顾客创新对功能体验（$\beta=0.507$，$P<0.01$）、情感体验（$\beta=0.436$，$P<0.01$）、认知体验（$\beta=0.372$，$P<0.01$）、社会体验（$\beta=0.395$，$P<0.01$）、顾客与企业间互动（$\beta=0.730$，$P<0.01$）、顾客与顾客间互动（$\beta=0.696$，$P<0.01$）均有显著的正向影响。因此，可以验证假设 H1a，H1b，H1c，H1d 以及假设 H2a，H2b 成立。

此外，回归结果表明，在模型 1 中顾客性别对顾客与企业间互动（$\beta=-0.141$，$P<0.05$），顾客职业对顾客与顾客间互动（$\beta=0.137$，$P<0.1$），教育程度对顾客与企业间互动（$\beta=-0.225$，$P<0.01$）、顾客与顾客间互动（$\beta=-0.209$，$P<0.01$）有一定的影响作用。模型 2 中，顾客性别对顾客与企业间互动（$\beta=-0.117$，$P<0.05$）有一定的影响作用。

综合以上的回归分析结果可以看出：（1）顾客创新对顾客互动的两个维度的影响都较为显著，回归系数相当且均较高。这在一定程度上说明了顾客创新对顾客与企业间互动和顾客与顾客间互动的影响相当，且影响较大。（2）顾客创新对顾客体验的四个维度的影响程度不同，其中顾客创新对功能体验影响最大，其次为情感体验，再次为社会体验，最后为认知体验。

（二）顾客互动两个维度对顾客体验各变量的回归分析

根据前文综述，本部分做中介变量顾客互动的两个维度对因变量顾客体验四个维度的回归分析，对模型进行检验。在顾客互动的两个维度（顾客与企业间互动和顾客与顾客间互动）对顾客体验四个维度（功能体验、情感体验、认知体验和社会体验）的关系做回归分析时，共包括 2 个模型，顾客体验四个维度分别为被解释变量，其中模型 1 仅将控制变量作为解释变量；模型 2 在模型 1 的基础上添加了顾客互动的两个维度，以对假设 H3，H3a，H3b，H3c，H3d，H3e，H3f，H3g 和 H3h 进行检验（结果见表 7－7）。

表 7－6　顾客创新对各变量的回归分析结果

		功能体验		情感体验		认知体验		社会体验		顾客与企业间互动		顾客与顾客间互动	
		模型 1	模型 2	模型 1	模型 2	模型 1	模型 2	模型 1	模型 2	模型 1	模型 2	模型 1	模型 2
顾客性别		0.049	0.065	0.033	0.047	0.100	0.113	0.086	0.099	−0.141**	−0.117**	−0.060	0.037
顾客年龄		−0.009	0.003	0.016	0.026	0.035	0.044	−0.052	−0.043	−0.090	−0.073	−0.019	−0.003
顾客职业		0.063	0.023	0.083	0.048	0.023	−0.007	0.039	0.008	0.080	0.022	0.137*	0.081
教育程度		−0.057	0.074	−0.071	0.042	−0.108	−0.012	−0.091	0.011	−0.225***	−0.036	−0.209***	−0.028
顾客创新			0.507***		0.436***		0.372***		0.395***		0.730***		0.696***
参数	R^2	0.012	0.246	0.018	0.190	0.023	0.149	0.024	0.166	0.098	0.582	0.088	0.529
	调整后 R^2	−0.006	0.228	−0.001	0.171	0.005	0.129	0.006	0.147	0.081	0.572	0.071	0.518
	F	0.679	13.947***	0.958	10.040***	1.254	7.481***	1.349	8.547***	5.844***	59.589***	5.206**	48.050***
	VIF	≤1.200	≤1.274	≤1.200	≤1.274	≤1.200	≤1.274	≤1.200	≤1.274	≤1.200	≤1.274	≤1.200	≤2.236
	Durbin-Watson	2.116		2.275		2.22		2.146		2.017		1.879	

注：* 表示 $P<0.1$，** 表示 $P<0.05$，*** 表示 $P<0.01$。

表 7-7 顾客互动两个维度对顾客体验各变量的回归分析结果

		功能体验		情感体验		认知体验		社会体验	
		模型 1	模型 2	模型 1	模型 2	模型 1	模型 2	模型 1	模型 2
顾客性别		0.049	0.109*	0.033	0.076	0.100	0.133**	0.086	0.127**
顾客年龄		−0.009	0.022	0.016	0.037	0.035	−0.049	−0.052	−0.031
顾客职业		0.063	−0.017	0.083	0.020	0.023	−0.035	0.039	−0.014
教育程度		−0.057	0.090	−0.071	0.040	−0.108	0.014	−0.091	0.008
顾客与企业间互动			0.242***		0.146		0.070		0.170*
顾客与顾客间互动			0.443***		0.375***		0.377***		0.290***
参数	R^2	0.012	0.383	0.018	0.236	0.023	0.191	0.024	0.191
	调整后 R^2	−0.006	0.365	−0.001	0.214	0.005	0.168	0.006	0.168
	F	0.679	22.014***	0.958	10.947***	1.254	8.356***	1.349	8.373***
	VIF	≤1.200	≤1.274	≤1.200	≤2.236	≤1.200	≤2.236	≤1.200	≤2.236
	Durbin-Watson	2.102		2.403		2.258		2.152	

注：* 表示 $P<0.1$，** 表示 $P<0.05$，*** 表示 $P<0.01$。

不同变量回归分析中模型 2 中的 *VIF* 值远小于 10，表明模型不存在多重共线性问题。不同变量回归分析的模型 2 的 *F* 值均较大且均非常显著，Durbin-Watson 值均在 2 左右，表明各回归分析中残差与自变量独立。最终分析结果表明，顾客与企业间互动对功能体验（β=0.242，P<0.01）、社会体验（β=0.170，P<0.1）有较为显著的正向影响，顾客与顾客间互动对功能体验（β=0.443，P<0.01）、情感体验（β=0.375，P<0.01）、认知体验（β=0.377，P<0.01）、社会体验(β=0.290，P<0.01）有显著的正向影响。因此，假设 H3a，H3b，H3d，H3f，H3g 和 H3h 成立。顾客与企业间互动对情感体验和认知体验的回归系数不显著，表明其回归关系没有通过检验，顾客与企业间互动对情感体验和认知体验没有显著影响，因此，假设 H3c 和 H3e 不成立。

此外，回归结果表明，在模型 2 中，顾客性别对功能体验（β=0.109，P<0.1）、认知体验（β=0.133，P<0.05）、社会体验（β=0.127，P<0.05）有一定程度的影响。

（三）顾客互动两个维度在顾客创新与顾客体验间的中介作用回归分析

如前文所述，本章认为顾客互动在顾客创新与顾客体验间起完全中介作用，并提出了假设 H4。上文的检验表明：顾客创新对顾客体验四个维度以及顾客互动两个维度有显著的积极影响；顾客互动两个维度与功能体验之间存在显著的积极影响，其中顾客与顾客间互动对顾客体验的四个维度都有显著的积极影响；顾客与企业间互动仅对顾客体验的两个维度有显著的积极影响。因此，接下来将针对以上有显著积极影响的关系进行中介效应检验，没有显著积极影响的将不再进行下一步的中介效应检验。

在顾客互动两个维度对顾客创新和顾客体验四个维度的中介作用回归分析中，共设置 3 个模型：顾客体验四个维度分别为被解释变量，模型 1 仅将控制变量作为解释变量；模型 2 在模型 1 的基础上添加了顾客创新；模型 3 在模型 2 的基础上添加了顾客互动两个维度，对假设 H4，H4a，H4b，H4d，H4f，H4g 和 H4h 进行检验。

如表 7－8 所示，回归分析中模型的 *VIF* 值均远小于 10，表明模

表 7-8 顾客互动两个维度在顾客创新与顾客体验间的中介作用回归分析结果

		功能体验			情感体验			认知体验			社会体验		
		模型 1	模型 2	模型 3	模型 1	模型 2	模型 3	模型 1	模型 2	模型 3	模型 1	模型 2	模型 3
顾客性别		0.049	0.065	0.106*	0.033	0.047	0.060	0.100	0.113*	0.125**	0.086	0.099	0.118**
顾客年龄		−0.009	0.003	0.020	0.016	0.026	0.027	0.035	0.044	0.045	−0.052	−0.043	−0.036
顾客职业		0.063	0.023	−0.016	0.083	0.048	0.021	0.023	−0.007	−0.034	0.039	0.008	−0.013
教育程度		−0.057	0.074	0.094	−0.071	0.042	0.051	−0.108	−0.012	−0.002	−0.091	0.011	0.021
顾客创新			0.507***	0.053		0.436***	0.199		0.372***	0.146		0.395***	0.172*
顾客与企业间互动				0.217**									0.087
顾客与顾客间互动				0.425***			0.341***			0.325***			0.229**
参数	R^2	0.012	0.246	0.384	0.018	0.190	0.245	0.023	0.148	0.198	0.024	0.166	0.202
	调整后 R^2	−0.006	0.228	0.363	−0.001	0.171	0.223	0.005	0.129	0.176	0.006	0.147	0.175
	F	0.679	13.947***	18.863***	0.958	10.040***	11.498***	1.008	7.378***	21.956***	1.349	8.547***	9.472***
	VIF	≤1.200	≤1.274	≤2.877	≤1.200	≤1.274	≤2.131	≤1.200	≤1.274	≤3.451	≤1.200	≤1.274	≤2.877
	Durbin-Watson	2.104			2.352			2.244			2.144		

注：* 表示 $P<0.1$，** 表示 $P<0.05$，*** 表示 $P<0.01$。

型不存在多重共线性问题。由回归分析表 7－8 可知，引入顾客互动两个维度作为自变量回归时，模型 3 的 R^2 相比模型 2 均有所增加，表明顾客互动对顾客创新和顾客体验的关系有中介作用。其中，顾客创新和功能体验、情感体验、认知体验的关系中引入顾客互动后，顾客创新对功能体验、情感体验、认知体验的影响不再显著，顾客与企业间互动对功能体验（$\beta=0.217$，$P<0.05$），顾客与顾客间互动对功能体验（$\beta=0.425$，$P<0.01$）、情感体验（$\beta=0.341$，$P<0.01$）、认知体验（$\beta=0.325$，$P<0.01$）影响显著。这表明顾客互动对顾客创新和顾客体验中的功能体验、情感体验、认知体验起完全中介作用。因此，假设 H4a，H4b，H4d，H4f 成立。另外，在顾客创新和社会体验的模型中引入顾客互动后，顾客与顾客间互动对社会体验的回归系数显著（$\beta=0.229$，$P<0.05$），顾客与企业间互动对社会体验没有显著影响，顾客创新的回归系数变小且显著性降低（$\beta=0.172$，$P<0.1$），表明顾客与顾客间互动在顾客创新与社会体验之间起到了部分中介作用。因此，假设 H4h 部分成立，假设 H4g 不成立。

此外，回归结果表明，在模型 3 中，顾客性别对功能体验（$\beta=0.106$，$P<0.1$）、认知体验（$\beta=0.125$，$P<0.05$）、社会体验（$\beta=0.118$，$P<0.05$）有一定程度的影响。

第 4 节　结论与建议

一、研究结论

本章聚焦于互联网环境下顾客创新、顾客互动与顾客体验的内在关系的研究，检验了互联网环境下顾客互动在顾客创新与顾客体验间的中介作用，得出如下主要结论。

1. 互联网环境下顾客创新与顾客体验研究方面

互联网视角下顾客创新过程中顾客体验更能反映顾客真实感受，

顾客创新对顾客体验产生正向影响。互联网环境下顾客参与企业创新越积极，越能提升顾客体验，这意味着互联网环境下顾客创新对顾客体验的形成发挥着积极作用。顾客个体具有不同的特质，参与企业创新的方面和程度不同，对产品或服务的需求也存在差异，顾客体验的形成会受到个体的影响，不同个体的顾客体验状态会呈现差异性。本章的实证研究结果表明顾客创新对功能体验、情感体验、社会体验和认知体验的影响程度依次降低。

2. 互联网环境下顾客创新与顾客互动具有相关关系

互联网环境下顾客创新对顾客与企业间互动以及顾客与顾客间互动都具有积极的影响。由此可见，互联网环境下顾客创新是提高顾客互动的重要因素。网络交互平台和各种移动终端促使顾客和企业及其他顾客方便快捷地合作对话，减少了创新过程的信息不对称，保证了双向互动的持续性，使顾客可选择不同的方式进行互动，有利于良性顾客互动的形成，也有利于互动频率和效果的提高。

3. 互联网环境下顾客互动对顾客体验发挥的作用有所不同

无论是顾客与企业间的互动还是顾客与顾客间的互动，都会使相关产品或服务信息有效整合，使企业更好地满足和适应顾客需求进而提高产品或服务的接受程度，也使顾客更好地理解产品或服务从而更加有效地使用，进而提高顾客功能体验。顾客与顾客之间的交互在情感体验、认知体验和社会体验的提升上起关键作用。特别是互联网环境下一些交互平台使得顾客可以方便自由地与其他顾客分享产品或服务的知识、使用经验等，有利于形成和保持良好的关系，从而提高顾客的情感体验、认知体验和社会体验。可见，互联网环境下顾客与企业间互动和顾客与顾客间互动一起创造了卓越的整体性顾客体验。

4. 互联网环境下顾客互动在顾客创新与顾客体验之间具有中介作用

从回归分析和中介作用探讨的结果得出，顾客与企业间互动和顾客与顾客间互动在顾客创新与功能体验间起完全中介作用，顾客与顾客间互动在顾客创新与情感体验、认知体验的关系中起到完全中介作用，顾客与顾客间互动在顾客创新与社会体验的关系中起到部分中介作用，即顾客创新通过提高顾客与企业间互动和顾客与顾客间互动对顾客体验产生正向影响。可见，顾客创新通过顾客互动形成个性化体验，如果顾客能通过良好的互动参与创新，则能产生较好的顾客体验，从而对顾客整体体验产生影响。

二、管理建议

根据研究得出的相关结论，本章对企业鼓励顾客创新、顾客互动和提升顾客体验提出以下建议。

1. 企业需要以提高顾客体验为长远目标来积极引导、激励顾客参与企业相关创新活动

顾客创新不仅能在当下为企业带来有价值的建议、创意和设计，而且能长期提升顾客体验，提高顾客满意度、忠诚度，后者更应是企业鼓励顾客创新的长远目标。根据此目标，企业应该结合互联网带来的变化有效地制定管理顾客创新的战略和基本框架，设计切实可行的顾客创新节点，提供便于顾客创新的信息和工具，对创新贡献突出的顾客给予物质和精神上的激励。

2. 以更具吸引力的方式，在交互过程中全方位提升顾客体验

参与创新的顾客不仅在乎产品或服务的功能体验，更在乎与企业及其他顾客互动中的情感体验、认知体验和社会体验。企业社区中营销人员与公关人员应使用亲情化、幽默化的表达方式与顾客互动，这有利于形成平等的交互环境，增加顾客了解企业产品的意愿，从而提高顾客功能体验；企业更应该鼓动顾客意见领袖发挥作用，营造开放自由的交流氛围，也可以通过提供奖励，鼓励顾客间的相互帮助和信息分享，这有利于形成紧密持久的互动关系，保持企业尊重顾客、维护顾客的自我形象，进而对顾客的情感体验、认知体验和社会体验产生正向影响，全方位提升顾客体验。

3. 企业需要结合自身情况与顾客特点构建合适的交互平台

企业可根据情况采用官方平台和社区，借助以微信、微博等社会化网络媒体为代表的第三方交互平台以及以众包、威客网站为代表的第三方平台作为引导顾客创新的交互平台。在选择与建设交互

平台后，针对顾客情况设计合适的交互内容和方式，满足顾客对参与感和体验分享的需求，这会帮助企业赢得顾客的信赖，并满足顾客的喜好。此外，企业应该更为重视顾客与顾客间互动，为顾客提供基于其需求、喜好而量身定制的交互内容，有针对性地且有效地引导和把握顾客与顾客间互动的方向。

本章的研究存在以下缺陷：以网上问卷的形式收集资料，缺乏面对面交流，并且问卷仅从顾客创新过程来考察创新行为，可能没有全面反映顾客创新行为；问卷收集选取的社区只是众多顾客创新社区中具有代表性的少数，典型性有待进一步研究；仅从顾客互动两类型展开研究，未深入探讨中间的作用机理。未来的研究可通过访谈法、观察法等深入探讨顾客创新的具体行为，关注顾客个人特质对创新的影响，扩展本研究模型；可以扩展研究范围，从其他类型互动平台深入研究；可以关注互联网环境下顾客创新的互动机制，进一步厘清顾客创新的内在作用机理。

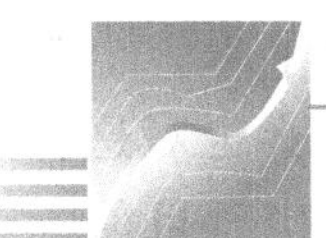

第 8 章 顾客知识学习能力对大众生产行为的影响

本章和第 9 章将研究大众生产的影响因素。本章研究作为大众生产实施主体的顾客或用户的知识学习能力对大众生产的影响，这是参与者的内在因素。第 9 章研究虚拟品牌社区对大众生产的影响，是从外部因素的角度研究。顾客知识作为企业的外部知识来源，得到了学者的广泛关注。在互联网环境下，顾客知识学习能力得到了很大提升，这使得顾客更容易实施大众生产行为，并促进企业的价值提升及品牌传播。本章结合新兴的公民行为理论，采用公民行为的概念具体指代大众生产行为。基于此，本章在顾客角度引入顾客知识学习能力，对顾客公民行为进行探讨。

第 1 节　理论综述与研究假设

顾客知识作为企业的外部知识来源，得到了

学者和企业的大量关注。借助顾客知识，企业可以更好地进行产品或服务的创新和管理（普拉哈拉德，2005），目前苹果、小米、海尔等企业都通过不同的方式使用顾客的知识。学界也对这种利用顾客知识的行为进行了大量研究（王永贵，2011）。目前学者对于顾客知识的研究主要集中在顾客知识的静态视角上，主要关注能够直接增加企业价值的行为（Cui，Wu，2016），即利用、获取顾客现有知识进行企业的价值共创，对顾客知识的动态视角以及间接为企业创造价值的行为关注较少。互联网的发展使得顾客拥有的知识不再一成不变，顾客可以通过微信、微博、虚拟社区等网络平台迅速学习有关企业的知识，顾客的学习能力变得更强。在这样的背景下，企业知识更容易通过顾客进行传播，一些正面的传播行为能够间接增加企业价值。目前学者对于顾客知识间接增加企业价值的研究较少，特别是对顾客公民行为的研究较少。

根据顾客公民行为提出者 Gruen（1995）的定义，顾客公民行为指“不被组织正式要求的，在总体上能够提升组织机能和效率的顾客自主行为”。目前学者对顾客公民行为的探讨主要集中在顾客对企业的感知或者其他的顾客相关因素上（常亚平，等，2015；程志辉，等，2015），较少有学者关注顾客自身特征对顾客公民行为的影响。互联网的迅速发展增加了顾客互动、学习的途径，增强了顾客学习能力。组织内的相关研究已经表明，学习能力强的个体会有更大的意愿帮助其他人或做出一些角色外行为（陈国权，等，2013）。对于顾客而言，有更高的学习能力是否就更愿意做出顾客公民行为呢？本章正是基于此，在顾客角度引入个体学习的相关能力，以顾客知识获取能力为自变量，顾客知识输出能力为中介变量，考察对顾客公民行为的影响。本章有助于从顾客主体角度探析促进顾客公民行为产生的前置变量，丰富互联网环境下与顾客公民行为相关的价值共创、顾客创新、个体学习等理论，同时，本章也为企业推动顾客参与创新与营销传播提供管理建议。

一、顾客知识学习能力

顾客知识作为企业能够利用的一种外部知识，包括关于顾客的知识和顾客拥有的知识，其中顾客拥有的知识指顾客所拥有的关于产品和服务的知识（Rowley，2002）。目前对于顾客知识的研究，学者主要从企业视角入手，以静态的视角看待顾客知识，研究顾客知识对企业的直接作用（关新华等，2016）。但是，顾客知识并不是一个不变的概念。随着顾客对企业知识的学习与了解，顾客关于企业或产品的知识会不断增加，尤其是在互联网时代。互联网的发展大大增加了顾客学习空间，顾客可以通过网页、微博、微信等多种渠道快速便捷地了解有关企业或产品的大量资讯和信息，增加顾客知识。目前并没有学者从这种动态视角考察顾客知识。

在组织行为领域，员工知识作为企业创新的源泉一直是学者研究的重点。在组织行为学研究中，学者也早早地以动态视角进行了员工知识的相关研究，即对员工知识学习进行了大量研究。早在 30 多年前，Kolb（1984）就提出以直接经验、反思性观察、抽象概念化、积极实践为循环过程的四阶段经验学习模型。国内也有不少学者对员工学习进行了研究，其中陈国权等（2013）就提出了以知识获取能力以及知识输出能力为代表的个体学习能力，其中知识获取能力是指个人对外部知识进行辨识、获取和吸收的能力，知识输出能力是指个人在组织内部将知识和经验传播到更广范围来与别人共享的能力。这与动态视角的顾客知识十分相似，顾客可以通过与外部知识源的互动获得更多的顾客知识，也可以通过与其他顾客的互动输出顾客知识。因此，本章采用陈国权等（2013）对于个体知识获取以及输出的两维度，基于顾客知识的概念提出顾客角度的顾客知识学习能力，包括顾客知识获取能力和顾客知识输出能力。其中，顾客知识获取能力指顾客对企业或产品知识进行辨识、获取和吸收的能力，顾客知识输出能力指顾客将企业或产品知识和经验传播到更广范围来与别人共享的能力。

二、顾客公民行为

20世纪80年代至今，组织公民行为一直受到学者重视。组织公民行为指员工角色外的自愿行为。随着企业从生产导向向顾客导向的变化，越来越多的学者认识到顾客自发行为的作用。Gruen（1995）最先提出了顾客公民行为的概念，把“不被组织正式要求的，在总体上能够提升组织机能和效率的顾客自主行为”定义为顾客公民行为。此后，Groth（2005）正式给出了顾客公民行为的概念，把顾客公民行为描述为不需要组织正式奖励所激励的顾客自愿和自主行为，虽然这些行为并不直接影响企业的制造与服务，但总体上帮助组织提升机能和效率。这种顾客参与到企业环节的公民行为与顾客共创价值有不少相似之处。目前对顾客公民行为的研究主要从顾客对企业的感知以及其他顾客相关因素两个角度进行。在顾客对企业的感知的研究中，有学者关注顾客对企业员工的感知（孙乃娟等，2016），也有关注顾客对企业本身的感知（常亚平等，2015）。在其他顾客相关因素的研究中，学者主要关注其他顾客发生不当行为的情境（程志辉等，2015）。目前研究主要集中在外在因素上，对顾客内在因素的探讨相对较少。

目前，不少学者对顾客公民行为的维度进行了划分，例如Groth（2005）将其划分为推荐、为组织提供反馈、帮助其他顾客三个维度；Bove等（2009）把顾客公民行为分为正向口碑、亲密关系的展示、参与企业活动、友善行为、灵活性、为服务发展提供建议、顾客声音、顾客政策八个维度。目前学者对顾客公民行为的划分都会包含推荐、帮助其他顾客、忠实、帮助企业的行为等几个重要内容。本章综合参考前人对顾客公民行为的分类，根据Groth（2005）以及Bove等（2009）分类的相关变量，将顾客公民行为划分为正向口碑、顾客政策、亲密行为展示、帮助其他顾客四个维度，分别代表上文所提及的推荐、帮助其他顾客、忠实、帮助企业的行为四个主要内容。其中，正向口碑是指顾客愿意向朋友传播自己所了解产品的正面信息并鼓励他们购买的意愿；顾客政策是指顾客会观察其他

顾客的行为，避免对企业来说不合适行为的发生；亲密行为展示是指顾客乐意并且愿意在他人面前展示自己喜爱这个品牌的意向；帮助其他顾客是指顾客会分享自己感兴趣的品牌或产品的购买途径、使用规则等信息，从而帮助朋友购买的行为。

三、顾客知识获取能力与顾客公民行为

顾客公民行为是一种顾客自主行为，尽管不是组织要求，但总体上能够帮助组织提升机能和效率，在实际中，顾客公民行为的发生往往基于个体对某些利益的期望或者个体较强的心理所有权。根据社会交换理论的互惠原则，个体对于另一个体的行为是基于个体对自身所获得价值的反映（Blau，1964），因此知识获取能力越强的顾客越有意向做出公民行为来与企业或其他顾客互动以增加自身所获得的知识。当顾客对服务满意或者顾客感受到超越他们期望的特殊待遇时，他们更有可能从事一些有利于组织的自愿行为来加以回报（Groth，2005），受到特殊待遇的顾客往往会更加关注企业的信息，有较强的获取企业知识的意愿。另外，国内学者吕福新和顾姗姗（2007）的研究发现，个体通过对目标物的控制权和知晓度而对目标物产生控制权，这种通过对知识的了解所造成的心理所有权又会促进公民行为。张辉等（2012）的研究也表明了心理所有权和组织公民行为之间的关系。因此，本章推断，顾客知识获取能力越强，越了解某个公司或某个品牌，相比于他人，顾客会有更高的心理所有权，更容易出于自我满足感向别人介绍某公司或产品或是向别人介绍产品的操作和信息。此外，随着顾客对某公司或产品了解的深入，他会成为圈子里这个公司或产品方面的专家，也会产生主人翁意识，会主动把自己和公司连为一体，主动维护并传播此公司的正面信息，给其他顾客提供相关产品使用建议等。基于此，本章提出以下假设：

H1：顾客知识获取能力越强，其越有可能做出顾客公民行为。

H1a：顾客知识获取能力越强，其越有可能进行正向口碑传播。

H1b：顾客知识获取能力越强，其越有可能做出顾客政策行为。

H1c：顾客知识获取能力越强，其越有可能展示出亲密行为。

H1d：顾客知识获取能力越强，其越有可能做出顾客帮助行为。

四、顾客知识获取能力与顾客知识输出能力

顾客知识获取能力作为顾客知识转移过程的开始，会影响知识转移过程的后续阶段。Liu 等（2008）在研究中国台湾高科技企业中的知识获取和知识共享时发现，鼓励员工获取知识能够增强组织内的知识共享。Wang 和 Hou（2015）的研究表明，知识共享行为是基于一种内在的满足感而不是外在的激励。知识获取能力越强，个体越有追求这种内在满足感的能力，会产生越多的知识共享行为。Akhavan 等（2016）的研究发现知识分享和知识收集之间的相关关系。综上，我们推断，即使是在互联网环境下对某企业或某产品的了解传播，知识获取能力越强的个体越愿意把自己所了解到的知识分享给他人，因为这可以给个体带来内在的满足感。基于此，本章提出如下假设：

H2：顾客知识获取能力越强，其知识输出能力越强。

五、顾客知识输出能力的作用

如上文所述，顾客知识获取能力越强，其越有可能做出对某些企业的公民行为。顾客公民行为并不只是发生在单一个体中，而是需要与他人接触才会发生。个体需要与他人接触才会展示出正向口碑、顾客政策、亲密行为展示、帮助其他顾客等。如果没有与他人接触，顾客做出相应公民行为的可能性会大大降低。另外，Gruen 等（2006）对网络环境下顾客信息交换的研究发现，顾客间的信息互动会对口碑等公民行为产生影响。Kim 和 Choi（2016）的研究也证明了顾客的互动情况会影响公民行为的产生。基于此，本章提出如下假设：

H3：顾客知识输出能力越强，其越有可能做出顾客公民行为。

H3a：顾客知识输出能力越强，其越有可能进行正向口碑传播。

H3b：顾客知识输出能力越强，其越有可能做出顾客政策行为。

H3c：顾客知识输出能力越强，其越有可能展示出亲密行为。

H3d：顾客知识输出能力越强，其越有可能做出顾客帮助行为。

顾客公民行为是一种向外部展示的顾客行为，知识获取能力强的顾客只有在有较强的知识输出能力或欲望的情况下，才会做出相应的顾客公民行为。陈国权等（2013）在员工个体知识获取能力对组织公民行为的研究中也发现了知识输出能力的中介作用。因此，本章认为，与组织公民行为类似，个体知识输出能力会在个体知识获取能力对顾客公民行为的关系中起到中介作用。基于此，本章提出如下假设：

H4：顾客知识输出能力在顾客知识获取能力与顾客公民行为的关系中起到中介作用。

H4a：顾客知识输出能力在顾客知识获取能力与正向口碑的关系中起到中介作用。

H4b：顾客知识输出能力在顾客知识获取能力与顾客政策的关系中起到中介作用。

H4c：顾客知识输出能力在顾客知识获取能力与亲密行为展示的关系中起到中介作用。

H4d：顾客知识输出能力在顾客知识获取能力与帮助其他顾客的关系中起到中介作用。

本章的研究模型如图 8-1 所示。

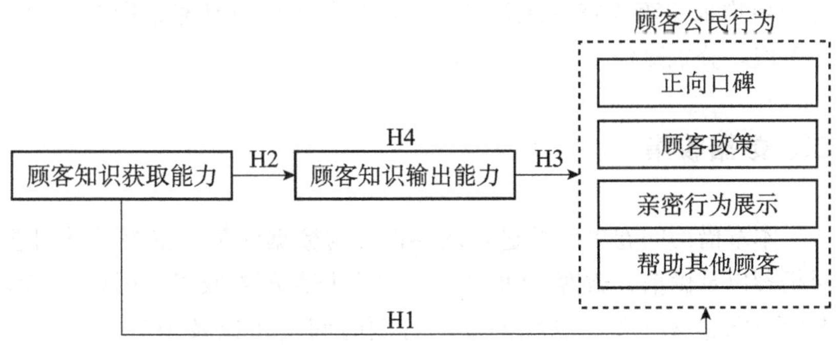

图 8-1　研究模型

第2节　研究方法

一、变量测量

本章量表主要以前人研究的成熟量表为基础，并与相关专家讨论修改得出。对顾客知识获取能力和顾客知识输出能力主要参考陈国权等（2013）开发的量表，顾客知识获取能力采用“我善于从外界获得所感兴趣产品或品牌的信息和知识”等3个题项，顾客知识输出能力通过在社交媒体上一对一沟通和朋友圈等一对多沟通两个方面的内容进行测量，形成“我能有效地通过一对一沟通、微信私聊等向朋友传播我感兴趣产品或品牌的信息”“我能有效地通过微信朋友圈、QQ空间等向朋友传播我感兴趣产品或品牌的信息”等6个题项。顾客公民行为主要借鉴Bove等（2009）的相关研究，正向口碑采用“我会鼓励我的亲戚朋友购买我所感兴趣产品”等5个题项，顾客政策采用“我会做一些事情抵制其他顾客对我感兴趣产品的恶意评论”等3个题项，亲密行为展示采用“在公共场所，我会穿戴有我感兴趣产品Logo的帽子”等3个题项，帮助其他顾客采用“当他们不懂产品怎么使用的时候，我会给他们建议”等3个题项测量。各题项均采用李克特5级评分法，即从很不同意到非常同意分为5个等级，分别赋值1，2，3，4，5。

二、数据收集

本章借助问卷星网站进行问卷设计与数据收集。主要通过问卷星推荐以及微信、微博、QQ空间等进行网络问卷收集，历时20天，共收集问卷375份。剔除问卷中答题时间过短以及填答无效问卷（问卷答案全部为一个值或者仅为两个值循环出现），有效问卷共264份，样本有效率为70.4%。其中，男性103人（39.0%），女性161

人（61.0%）；年龄 25 岁及以下 148 人（56.1%），26～35 岁 82 人（31.1%），36～45 岁 22 人（8.3%），46～55 岁 4 人（1.5%），56 岁及以上 8 人（3.0%）；全日制学生 105 人（39.8%），企业员工 97 人（36.7%），事业单位员工、公务员等 35 人（13.3%），个体工商业者 7 人（2.7%），其他 20 人（7.6%）；获得最高学历高中及以下 15 人（5.7%），大学本科/大专 204 人（77.3%），硕士及以上 45 人（17.0%）。大体上符合互联网环境下企业顾客的年龄、身份分布。

第 3 节　假设检验与结果

一、测量模型分析

本章在调查时采用自报告的形式，不可避免地存在共同方法偏差的问题，因此在进行下一步分析前先要进行共同方法偏差的检验。根据 Harman 单因子法，本章运用 SPSS19.0 对所有测量题项进行探索性因子分析，累积解释方差 70.588%，其中第一个因子解释了总方差的 35.862%。故本章的研究不存在严重的共同方法偏差。

运用软件 SPSS19.0 对测项的量表进行探索性因子分析，对问卷项目进行主成分分析，采用最大方差法进行因子旋转，得到 6 个公因子。其中顾客政策维度中“当他们不懂产品怎么使用的时候，我会给他们建议”题项与“帮助其他顾客”在同一个因子上。在咨询相关专家意见后，将此题项并入帮助其他顾客维度。此外，所有题项旋转后的因子载荷均大于 0.6，且各题项均没有交叉载荷情况出现，表明题项与各公因子有较强的相关关系。

使用 SPSS19.0 和 Mplus7 对模型进行信度和效度检验。信度及效度检验如表 8-1 所示，6 个潜变量的 Cronbach's α 值为 0.691～0.916，CR 值为 0.693～0.917。除了顾客政策变量的 Cronbach's α 值为 0.691，CR 值为 0.693 外，其余变量的 Cronbach's α 值和 CR 值均大于 0.7，表明本研究所使用的量表具有良好的信度。各变量的

AVE 值均大于 0.5，且 CFA 结果中每一个题项的因子载荷均大于 0.6，模型的整体拟合指标为 Chi-square/d. f. =2.439，RMSEA=0.074，CFI=0.904，SRMR=0.055，表明量表具有良好的收敛效度。另外，各潜变量之间的相关系数均小于 AVE 值的平方根，表明具有良好的区分效度。

表 8-1　信度及效度检验

潜变量	Cronbach's α	CR	AVE	HQ	SC	KB	ZC	QM	BZ
顾客知识获取能力（HQ）	0.771	0.770	0.527	0.726					
顾客知识输出能力（SC）	0.916	0.917	0.649	0.295	0.802				
正向口碑（KB）	0.837	0.836	0.507	0.289	0.380	0.712			
顾客政策（ZC）	0.691	0.693	0.531	0.074	0.221	0.236	0.728		
亲密行为展示（QM）	0.836	0.849	0.656	0.197	0.259	0.352	0.417	0.810	
帮助其他顾客（BZ）	0.831	0.834	0.559	0.242	0.230	0.339	0.109	0.224	0.748

注：对角线值为 AVE 的平方根。

二、假设检验

本章使用结构方程模型 Mplus7 对假设进行检验。本章先对 H1，H2，H3 进行检验。从图 8-2 可以看出，顾客知识获取能力对正向口碑（β=0.778，P<0.01）、顾客政策（β=0.275，P<0.01）、亲密行为展示（β=0.539，P<0.01）、帮助其他顾客（β=0.610，P<0.01）都有显著的正向影响（模型的整体拟合指标为 Chi-square/d. f. = 2.627，RMSEA = 0.074，CFI = 0.890，SRMR = 0.078）。H1 得到了验证。顾客知识获取能力对顾客知识输出能力有

显著的正向影响（$\beta=0.657$，$P<0.01$），顾客知识输出能力对正向口碑（$\beta=0.710$，$P<0.01$）、顾客政策（$\beta=0.394$，$P<0.01$）、亲密行为展示（$\beta=0.428$，$P<0.01$）、帮助其他顾客（$\beta=0.437$，$P<0.01$）都有显著的正向影响（模型的整体拟合指标为 Chi-square/d. f. = 2.439，RMSEA = 0.074，CFI = 0.904，SRMR = 0.055）。H2，H3 得到了验证。

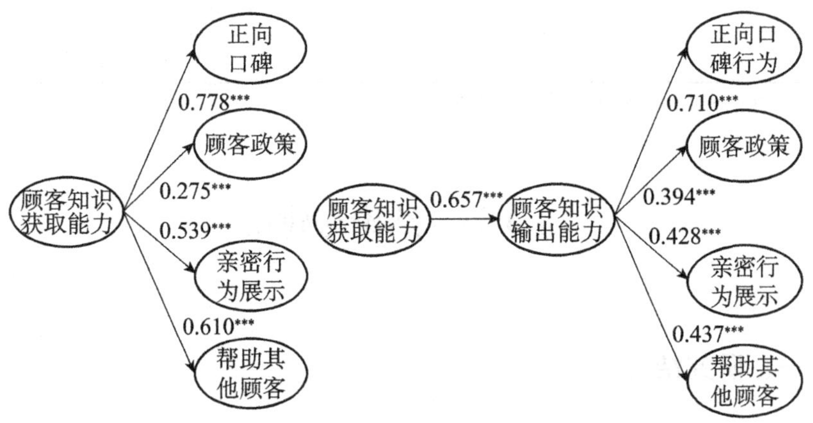

图 8-2　Mplus 分析结果

注：*** 表示 $P<0.01$；** 表示 $P<0.05$。

对于中介效应 H4 的检验，采用 Bootstrap 间接效应法。Bootstrap 方法的基本核心思想是利用重抽样样本数据计算统计量和估计样本分布。分析步骤如下：（1）采用重抽样技术从原始样本中抽取一定数量的样本，此过程允许重复抽样；（2）根据抽出样本计算给定的统计量 θ；（3）重复上述抽样 B 次，得到 B 个统计量 θ；（4）计算上述 B 个统计量 θ 的样本分布，得到统计量 θ 的分布并估计其标准误差与置信区间。通过 Mplus7 设置 Bootstrap=2 000 进行分析，对四个中介模型进行验证，其结果如表 8-2 所示。顾客知识输出能力在顾客知识获取能力和正向口碑、顾客政策、亲密行为展示、帮助其他顾客（90%置信区间）四个关系中起到中介作用。即 H4a，H4b，H4c，H4d 成立，H4 成立。

表8-2 中介效应检验

中介模型	间接效应值	P值	置信区间	
			Lower 2.5%	Upper 2.5%
HQ-SC-KB	0.304	0.000	0.161	0.552
HQ-SC-ZC	0.297	0.000	0.117	0.527
HQ-SC-QM	0.159	0.020	0.032	0.453
HQ-SC-BZ	0.126	0.054	−0.011	0.279
			0.013*	0.256*

注：*表示的是90%置信区间的估计值。

第4节 结论与建议

一、研究结论

本章探讨了互联网环境下顾客知识获取能力、顾客知识输出能力以及顾客公民行为三者之间的关系，得出以下结论。

1. *顾客知识获取能力会影响顾客做出顾客公民行为的意愿*

拥有更强知识获取能力的顾客往往会在获得知识之后有更多的知识充沛感与主人翁感，这种感觉会使顾客做出维护企业形象、传播企业正向口碑的公民行为。

2. *顾客知识获取能力越强，其输出知识的能力也越强*

顾客一旦拥有了大量的顾客知识，出于自我满足会把知识分享给自己的朋友。这种获取知识与输出知识的关系不仅能在企业组织内部发生，也能在互联网的非正式组织中产生。

3. *顾客知识输出能力越强，越有可能做出对某些品牌的顾客公民行为*

顾客越善于和乐于输出自己的知识，就越有可能做出有利于自己所了解企业的公民行为。

4. 顾客知识获取能力是通过顾客知识输出能力来影响顾客公民行为的

知识获取能力强的顾客会有更高的输出倾向，并且这种输出倾向能够促使顾客做出一些增加企业价值的公民行为，公民行为较强的顾客往往有更高的倾向参与企业的创新活动，成为企业新的创新源泉。

二、管理建议

根据研究结论，本章提出如下管理启示。

1. 企业应当选择能调动起顾客搜索意愿的信息进行品牌传播

获取信息能力强的个体更容易做出顾客公民行为。企业在进行品牌传播时，可通过个性化的信息或者强有力的公关活动吸引更多顾客主动获取有关企业或产品的相关知识，通过采用有趣的、强化个体搜寻欲望的传播方式调动起个体主动了解企业的欲望。主动了解企业的个体又会基于自己主动学习产生的知识充沛感形成一定的主人翁意识，主动为企业做出一些传播活动。这类主动了解企业的个体更可能做出有利于企业的公民行为，提升企业的整体价值。

2. 企业应该重视、识别并差异化管理学习能力强的顾客

顾客知识学习能力不同的个体在顾客公民行为倾向上有很大差别，顾客知识学习能力较强的个体可以作为企业的领先顾客，帮助企业创造价值。这些顾客往往有着更强的传播意愿和更强的公民行为倾向，因此，企业可以通过一定的方式识别这些顾客，筛选知识获取能力较强的顾客作为合作伙伴，通过授予其“品牌大使”“校园大使”等方式增强企业的传播力度。

3. 企业应为顾客创造更多的交流渠道

基于本章的研究，顾客知识获取能力强的个体有着更强的顾客知识输出能力，但是现实中个体不一定能够找到合适的信息接受者，因此，企业可以通过建立虚拟社区、维护自己品牌贴吧的方式促进顾客之间的交流，让顾客知识学习能力强的个体传播更多的企业信

息。另外，由于顾客知识学习能力强的个体有着更高的公民行为倾向，因此，品牌社区中顾客知识学习能力强的个体会在社区中帮助企业进行品牌形象的维护，企业也可释放给这些用户一定的管理权限，让其参与到企业社区的管理之中，以更好地进行社区管理。

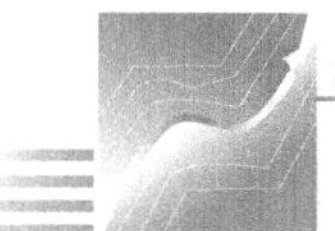

第 9 章 虚拟品牌社区对大众生产行为的影响

目前，国内外不少企业已通过建立虚拟品牌社区吸引顾客、促进顾客间的知识交流与互动，从而激发顾客的创新行为，即顾客创新或用户创新。这也是大众生产的一种表现形式。作为企业利用外部知识创新的一种方式，顾客创新得到了学者和企业的广泛关注。为营造良好的社区氛围，不少企业通常会挑选顾客作为管理员来对社区进行管理，以求获得更好的顾客创新成果。但是，社区管理员作为代表企业的个体，是否真的能够促进顾客的创新行为呢？管理员又是如何促进顾客创新行为的产生呢？管理员的作用是否完全等同于组织的作用呢？目前学者在这些领域所进行的探索较少。本章从外部因素的角度研究虚拟品牌社区中管理员支持感、社区支持感对大众生产行为的影响，并运用顾客创新理论，具体采用顾客创新行为指标指代大众生产行为。

第1节　理论综述与研究假设

一、理论综述

在针对传统组织的研究中，学者对团队管理者进行了不少研究，并通过领导支持感的概念证明了团队管理者所能起到的积极作用（Hui et al.，2015）。目前，传统组织中关于领导支持感的研究主要基于社会交换理论。作为以企业品牌为核心凝聚起来的网络组织，品牌社区中最关键的因素是顾客对于品牌或群体的认同（黄敏学等，2017），因此，在对虚拟品牌社区（以下简称品牌社区）的研究中，社会认同的相关因素不容忽视。在品牌社区中，顾客可能会基于兴趣，喜欢同一个品牌而聚集在一起交流，也可能会基于关系，在社区中找到与自己有共同爱好的群体而聚集在一起互动，因此，品牌社区中会存在两种不同类型的认同（Carlson et al.，2008）。社区管理员作为代表企业进行社区管理的特殊顾客，他在社区中的行为能够加强顾客对品牌以及群体的感知，进而促进顾客产生不同的认同，推动顾客做出有利于企业的创新行为。另外，管理员作为组织的代表，其行为很大程度上代表组织的行为，因此，在研究管理员行为时，不可避免地需要加入组织的行为特征进行研究。基于此，本章以社会认同视角进行品牌社区中管理员行为、组织行为对顾客行为的影响研究。其中，顾客行为主要关注建立品牌社区的企业所关心的顾客创新行为；管理员行为主要考察顾客感知到的管理员支持，即管理员支持感；组织行为主要考察品牌社区中的社区支持感；以下将从组织支持理论、社会认同理论、顾客创新行为三个方面做出理论综述。

（一）组织支持理论

组织支持理论由 Eisenberger 等（1986）基于组织拟人化以及社会交换理论提出，最先提出的概念是组织支持感。组织支持感是指员工对组织在重视成员贡献、关心成员福利程度方面的总体体验和看法。当员工感受到组织对自身的关心和重视时，基于互惠规范，员工会更加投入工作，做出一些报答企业的行为（卢纪华等，2013）。在企业经营中，除了组织所给予的整体支持感外，与员工直接互动的管理者的作用也十分重要，基于此，Kottke 和 Sharafinski（1988）在组织支持感的基础上提出领导支持感的概念，是指员工对领导在重视成员贡献、关心成员福利程度方面的总体体验和看法。领导支持感可以看作组织支持感的特殊形式，组织支持感不仅包括对领导等组织成员支持的感知，还包括对组织政策、规定、薪酬以及其他方面支持的感知（Eisenberger et al.，1986）。目前，组织支持感与领导支持感已经得到组织行为学者的广泛关注（Kuvaas et al.，2014）。

作为一种基于网络平台的新组织形式，品牌社区同样会存在社区成员对社区支持的感知。品牌社区提供了社区成员间的互动记录，社区成员在社区中阅读这些互动记录时会看到社区对于其他成员所产生的帮助，这能促进顾客对社区支持行为的感知，使其更容易产生社区支持感。目前已经有学者在网络社区中应用社区支持感的概念（Ye et al.，2015）。其中，社区支持感与组织支持感类似，是指社区成员对社区在重视成员贡献、关心成员福利程度方面的总体体验和看法。除了社区支持感外，品牌社区也会存在一些能够影响顾客感知的特殊顾客群体，顾客对这类特殊顾客的感知会影响其在社区中的行为，如 Ye 等（2015）基于组织支持理论研究了社区中意见领袖的作用。当然，在品牌社区中，除了意见领袖外，还有另一类更为重要的特殊人物——社区管理员（例如社区版主等）。这类管理员大部分是企业选取的领先顾客，在社区中能够代表企业管理社区成员行为，对社区中不良行为进行纠正，倾听顾客的声音，也能作为独立的顾客个体与其他顾客进行互动，社区中管理员对其他顾客的影响变得更为复杂。在品牌社区中，社区管理者对社区成员进行的管理、互动以及相关的记录会与社区给予的支持一样，让顾客感知到管理者的支持，这与传统组织研究中管理者支持感存在相似之处。因此，本章根据传统组织研究中的领导支持感（Kottke，Sharafinski，1988）、社区研究中的意见领袖支持感（Ye et al.，2015）等概念，将社区管理员支持感定义为：社区成员对管理员在重视成员贡献、关心成员福利程度方面的总体体验和看法。

（二）社会认同理论

社会认同理论于20世纪70年代提出。社会认同是指个体认识到自身属于特定的社会群体，同时认识到作为群体成员带给他的情感和价值意义（张莹瑞，佐斌，2006）。社会认同最初起源于有关群体的研究，后来被引入管理学研究的各个领域。

目前，学者已经在各个领域证明了认同感所能产生的正向作用，比如组织认同感高的员工有更高的员工绩效（杜鹏程等，2017）；品牌认同高的顾客对品牌有更强的依恋（胡兵等，2015）。认同来源于个体的自我归类，个体会通过不同的归类方式将自己归于多个群组当中，因此，对于认同的研究就存在不同的维度划分，比如Lin和Leung（2014）就在研究中使用工作单元认同和组织认同，Horstmeier等（2016）在研究中采用团队认同、专业技能认同等。在品牌社区中，社区成员也会形成两种不同的认同：一种来源于对品牌的喜欢，即基于品牌的归类；另一种来源于对成员互动的偏好，即基于成员关系的归类。因此，顾客品牌社区会同时存在品牌认同与成员认同两种认同（Carlson et al.，2008）。其中，品牌认同指对拥有该社区的企业品牌的认同；成员认同指对该社区成员的认同。目前有学者同时使用两种认同进行研究，比如刘新，杨伟文（2012）在手机品牌社群中采用品牌认同和群体认同两维度进行研究，Badrinarayanan等（2015）采用游戏品牌认同以及游戏玩家认同两维度对游戏用户社区进行研究。

（三）顾客创新行为

自 Vargo 和 Lusch（2004）提出服务主导逻辑以来，顾客创新就成为营销学者研究的热点。顾客创新指顾客产生新奇而适当的想法、过程和解决办法（赵建彬，景奉杰，2016）。在互联网高速发展的背景下，不少企业通过建立品牌社区来获取顾客创新的成果，以此来增强自身的品牌价值，促进企业自身软实力的提升（肖鹏，等，2013）。目前不少企业建立了自己的品牌社区来获取顾客创新成果，在社区中顾客的创新行为可分为两大类（Stokburger-Sauer，Wiertz，2015）：一是学与消费，如对其他用户反馈的思考与提升相关技能；二是做与生产，如发表观点、参与项目等。具体而言，品牌社区中的顾客创新行为主要包括王晓川等（2014）所探索归纳的顾客参与产品调查、探讨产品的未来发展、反馈和揭示产品缺陷、对竞争品牌进行对比分析、评价和宣传创新产品等（赵建彬，景奉杰，2016）。顾客创新能够促进企业的产品开发等，目前已经有学者对品牌社区的顾客创新行为进行了研究，比如 Stock 等（2016）研究顾客的大五型人格特质与顾客创新行为之间的关系，赵建彬，景奉杰（2016）研究个体对品牌社区的氛围感知与顾客创新之间的关系；申光龙等（2016）研究顾客在社区中的互动与顾客创新之间的关系。这些研究结果表明，除了个体自身的因素外，顾客在社区中与企业或其他成员的关系也能够影响其在社区中的创新行为。在目前对品牌社区顾客创新行为的研究中，学者仅考虑了顾客对社区的整体感知，对于顾客对社区中其他顾客的感知以及对一些特殊身份个体的感知考虑得相对较少。

综上所述，尽管学者已从多个角度对品牌社区中的顾客创新进行了研究，但是从社区中支持感的角度对顾客创新的研究还相对较少。此外，根据传统组织内有关管理者作用的研究的相关结论（Kuvaas et al.，2014），管理者等特殊人物以及组织整体的行为会对组织成员的行为有很大影响。品牌社区中往往会存在一些类似的管理社区的特殊顾客，这些管理员以及社区整体能够使一般顾客感受到一定的支持因素，因此，本章主要关注来源于管理员以及社区整体的两种支持因素对顾客创新行为的影响。

本章的研究能够丰富组织支持理论以及顾客创新的相关研究。第一，本章研究了互联网环境下品牌社区管理员支持感和社区支持感的作用，丰富了组织支持理论。另外，组织支持理论本身诞生于社会交换理论，大部分对组织支持理论的研究都是基于社会交换理论，加之本章的研究情境是在以认同为基础形成的品牌社区之中，因此，本章使用社会认同理论进行品牌社区中管理员支持感和社区支持感作用机制的探析，丰富了组织支持理论的相关研究。第二，本章对顾客创新行为进行了一定的探讨，丰富了顾客创新的相关理论。顾客创新作为企业创新的外部来源，能够为企业带来更符合顾客期望的创新成果，不少企业通过建立互联网品牌社区的方式来管理和利用顾客创新，本章从品牌社区中的管理员这一特殊人物出发，对顾客创新行为进行研究，为创新理论以及顾客创新的相关研究做出了一定的贡献。

二、研究假设

（一）管理员支持感与社区支持感

作为品牌社区中的管理者，管理员维护着社区内的秩序，及时清理社区中的垃圾帖子，及时设置精华帖，同时，社区管理员也耐心解答社区成员的疑问。由于管理员直接对社区进行维护和管理，在一定程度上代表了品牌社区的行动，因此社区成员对于管理员的感知会影响其对社区的整体感知。Shanock 和 Eisenberger（2006）在研究领导支持感和组织支持感时发现了员工上级的支持会被认为是组织给予的支持，社区中顾客对管理员的支持行为可能会被归结为社区给予的支持。Jha 等（2017）对一线员工的研究表明，顾客与企业代表的互动能够增强顾客对员工所代表的企业的整体感知，社区管理员就是社区的代表，社区管理员为社区成员提供的支持行为可能会被归于社区整体给予的支持，促进社区成员对社区支持的感知。此外，Mamonov 等（2016）的研究表明，顾客在社区中的互动能够增强顾客对社区的整体感知，社区管理员在社区中分享产品使用经验的支持行为同样是一种社区互动行为，也能促进顾客对社区支持的感知。因此，本章提出如下假设：

H1：管理员支持感与社区支持感正向相关。

（二）管理员支持感与认同

品牌社区管理员作为社区的特殊成员，管理着社区的各种事务。根据社会认同理论，认同产生于个体对于自身的分类，通过分类来提高自尊与获得认同（Oakes，Turner，1980）。管理员在管理社区时的支持行为会被成员解读为企业所给予的支持行为，企业支持行为的增加能够增强品牌社区成员与非品牌社区成员的区别性，提高成员对品牌的认同。Hui 等（2015）的研究表明，领导支持感能够增强员工对内部人身份的感知，内部人身份感知能够提高员工自尊，增强其对企业的认同。另外，社区管理员对社区成员的支持行为能够增强成员在社区中的自尊，提升其对品牌社区整体的认同感，进而促进其对品牌的认同（Zhou et al.，2012）。除此之外，服务营销的研究表明，前线员工的行为能够影响顾客对整体企业的感知（Jha et al.，2017），社区管理员作为企业品牌的代表，其行为同样能够促进社区中顾客对品牌的好感。因此，本章提出如下假设：

H2：管理员支持感与品牌认同正向相关。

管理员作为一名社区顾客，也会以一般社区顾客的身份与其他成员互动，其在互动中所展示的支持行为会被其他顾客归结为社区一般成员的支持行为，这能加强成员在社区中的正向体验，增强成员对于用户群体的认同。Luo 等（2016）的研究发现，社区成员与其他成员之间互动能够增强顾客与顾客之间的关系，因此，管理员的支持行为有助于顾客对于社区成员的归类，促进对社区成员的认同。另外，管理员作为社区的管理者，其对社区成员贡献等方面关注更多，自然也会在管理社区中更加关注社区成员的贡献，这会促进管理者对高质量信息的奖励，促进社区整体信息质量与管理质量的提升。在社区中，社区信息主要是由社区成员所生成的，社区成员在社区中获得高质量的信息能够增强其作为社区成员的自我归类，促进社区成员认同。周志民、吴群华（2013）的研究证明了社区中信息、管理质量对社区群体的归属感的正向作用。因此，本章提出如下假设：

H3：管理员支持感与社区成员认同正向相关。

（三）社区支持感与认同

社会认同理论强调通过社会分类形成区别于其他群体的感知而形成认同。当组织为个体提供区别于其他群体的支持行为时，认同就能产生。社区支持感作为成员被品牌社区关心重视的整体看法，可以由该品牌为方便社区成员活动所设置的规章制度以及该品牌为社区成员所提供的各种便利产生。对于品牌社区的成员来说，品牌通过社区给予的整体支持能够促进个体与品牌的联结，给予成员舒适的依靠感。当社区成员对品牌社区的依靠感不断被强化时，成员对该品牌成员身份的感知会增强，进而提升其对该品牌的认同感。Hsu 等（2012）的研究表明，品牌社区中体验能够促进成员对品牌的认同，社区支持行为能增强用户在社区中的体验价值，因此也能促进社区成员对品牌的认同。另外，Liao 等（2017）基于组织社会化对社区认同的研究证明了一种特殊的社区支持行为（组织社会化）对品牌社区整体认同的影响，对品牌社区整体的认同也能够促进顾客对品牌的认同（Zhou et al.，2012）。因此，本章提出如下假设：

H4：社区支持感与品牌认同正向相关。

社区支持感作为社区成员对社区整体支持行为的感知，可以来源于社区其他成员所展示的支持行为。品牌社区中其他成员所能提供的支持行为能增强用户作为社区成员的自我归类，进而产生认同感。Horstmeier 等（2016）和 Lin 与 Leung（2014）的研究都表明，不同来源的支持行为能够促进不同的认同。对于品牌社区中的社区支持，被感知到的来源于成员的支持能够促进顾客对社区成员的认

同。另外，Badrinarayanan 等（2015）对于游戏社区的研究表明，成员在社区中的嵌入与涉入程度能够促进对其他成员的认同，社区支持行为同样能够促进成员在社区中的嵌入与涉入。因此，本章提出如下假设：

H5：社区支持感与社区成员认同正向相关。

（四）认同与顾客创新行为

在品牌社区中，成员可能会因为认同社区所属企业或因为认同群体而参与到社区当中。根据社会认同理论，品牌认同度高的用户由于与品牌有更强的感情联系，往往将品牌与自我概念紧紧相连，因此在行为和思想上往往更加关注该品牌，乐意做出一些帮助品牌的行为（Piehler et al.，2016)，即会展现出更多的顾客创新行为。品牌认同度高的用户进行顾客创新行为能为其带来更高的参与价值，这种心理预期已经被证实能够影响个体的创新意愿（Kankanhalli et al.，2015)。另外，Helm 等（2016）证明了品牌认同对顾客品牌公民行为的正向影响，社区中的顾客创新行为也可看作顾客在社区中的公民行为。因此，本章提出如下假设：

H6：品牌认同与顾客创新行为正向相关。

当用户对品牌社区中的成员有更强的认同感时，其在社区中会有较强的舒适感，会更乐意分享自己所拥有的知识，因此也会做出更多的顾客创新行为。另外，社区成员认同高的个体往往能够在社区的互动中获得更好的体验，这也有利于顾客创新行为的产生。王永跃等（2015）在对企业员工的研究中证明了内部人身份感知对员工创新行为的影响，内部人身份感知实际上就是成员认同的内容。Badrinarayanan 等（2015）在游戏社区中的研究证明了玩家群体认同与协同生产等共创行为的正向关系。因此，本章提出如下假设：

H7：社区成员认同与顾客创新行为正向相关。

（五）认同的中介作用

组织支持感以及领导支持感已经证明能够帮助改进员工行为与态度，使其做出有利于企业的行为（Shanock，Eisenberger，2006）。在在线社区的研究中，Ye等（2015）证明了社区支持感以及意见领袖支持感对社区成员知识共享行为的积极作用。品牌社区是一种以同类意识为核心的群体形式（Muniz，O'guinn，2001），社区成员的行为会为其所感知的认同所驱动。对于社区成员来说，一方面，管理员的支持行为能够帮助其感受到品牌的温暖，强化其作为品牌使用者的认同感，进而促进其做出有利于品牌的行为来获得更好的自我评价与社会认同；另一方面，社区管理员作为一名普通的社区成员展示出的支持行为以及社区管理员对社区的管理都能强化个体成员对于社区成员群体的认同感，使得个体成员在社区中做出更多的展示自己良好形象的行为来获得更多的认可。Hui等（2015）在其研究中证明了感知内部人身份在领导支持感与组织公民行为之间的中介作用，感知内部人身份实际上是对自身进行的类别划分，类别划分正是认同产生的来源（Oakes，Turner，1980）。对于品牌社区成员而言，其感受到的管理员支持既能代表社区所属品牌增强其品牌认同，也能促进顾客对社区成员的认同，进而促进其顾客创新行为的产生。因此，本章提出如下假设：

H8a：品牌认同在管理员支持感与顾客创新行为之间起中介作用。

H8b：社区成员认同在管理员支持感与顾客创新行为之间起中介作用。

社区支持感来源于社区的制度与整体要求、社区成员给予的支持行为，能增强成员的品牌认同与社区成员认同，最终促进顾客创新行为的产生。Lam等（2016）的研究证明了组织认同在组织支持感与角色外行为之间的中介作用，刘玉敏，李广平（2016）的研究证明了组织认同在组织支持感和离职倾向之间的中介作用。可见，组织认同在组织支持感和员工行为之间的中介作用。在品牌社区中，

成员感知到的社区支持感能够通过组织认同影响成员的行为，并且在品牌社区中，这种中介作用既有品牌认同的中介作用，也有社区成员认同的中介作用。因此，本章提出如下假设：

H9a：品牌认同在社区支持感与顾客创新行为之间起中介作用。

H9b：社区成员认同在社区支持感与顾客创新行为之间起中介作用。

根据以上假设，本章构建了一个基于品牌社区中两种认同的研究模型，如图 9－1 所示。

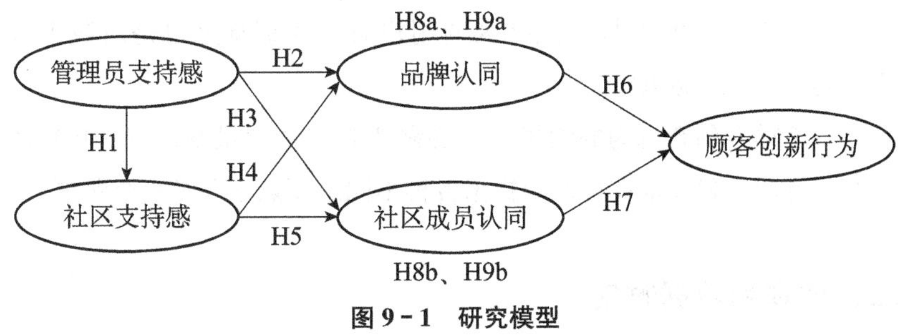

图 9－1　研究模型

第 2 节　研究方法

一、量表设计及测量

本章的研究包括管理员支持感、社区支持感、品牌认同、社区成员认同、顾客创新行为五个变量。为确保研究的信度和效度，本章所采用的量表均参考国内外成熟量表，并对量表做了情境化的修改。另外，各测量题项均使用李克特 7 分量表。

对于管理员支持感和社区支持感，参考前人的方式将组织支持感量表中的“组织”进行修改得到（Shanock，Eisenberger，2006；Kuvaas et al.，2014；Ye et al.，2015），量表主要参考 Ye 等（2015）使用的虚拟社区情境下的支持感量表。管理员支持感共形成"当我需要帮助时，该社区的管理员会帮助我"等四个题项，社区支持感共形成"当我需要帮助时，该社区会帮助我"等四个题项。

对于品牌认同与社区成员认同，参考前人对多种认同的测量方式（Zhou et al.，2012；Badrinarayanan et al.，2015；Horstmeier et al.，2016），将一般认同量表中的参考对象进行替换，量表主要参考 Badrinarayanan 等（2015）的量表，品牌认同形成"当他人赞扬该公司时，我感觉这也是对我个人的赞美"等三个题项，社区成员认同形成"当他人赞扬该社区的用户时，我感觉这也是对我个人的赞美"等三个题项。

对于顾客创新行为的测量，主要参考赵建彬、景奉杰（2016）的量表，包括"我经常在社群中提出各种不同的新点子"等六个题项。

二、样本和数据收集

本章以目前国内顾客创新活动比较多的手机行业品牌社区用户作为研究对象，主要选择小米、魅族、联想三个品牌的社区发放问卷。问卷通过问卷星网站设计，在小米社区、魅族社区、联想社区[①]中分别发帖吸引社区成员填答问卷，同时，在小米社区和魅族社区中通过发私信的方式与社区成员沟通并邀请其填答问卷，问卷于 2017 年 2 月 8 日到 2017 年 3 月 17 日发放，历时 38 天，收集问卷 417 份。以问卷答案连续 60%题项均相同为标准定义无效问卷，剔除无效问卷，共得到有效问卷 322 份，样本有效率为 77.2%。同时，本章对有效样本和无效样本的样本特征分布进行了检验，结果表明，有效样本与无效样本在样本特征上并无显著差异。

本章的有效样本的人口统计分布如表 9-1 所示。可以看出，绝

① 小米社区：https：//bbs.xiaomi.cn/；魅族社区：https：//bbs.meizu.cn/；联想社区：https：//club.lenovo.com.cn/。

大多数有效样本都是参与或浏览品牌社区频率较高以及注册会员时间较长的用户，属于顾客创新行为较多的人群。另外，样本中男性样本远远多于女性样本，可能是由于手机产品属于电子类产品，男性更擅长电子类产品并对其有更强的兴趣，会更多地参与品牌社区。目前其他一些对品牌社群的研究均表明手机社群中的男性用户数量大于女性用户（廖俊云等，2016），且对于有效样本和无效样本性别比例的验证表明二者并无显著差异。因此，本章的样本结构较为合理。

表 9-1　样本分布

样本特征	特征分布	样本数量	所占比例	样本特征	特征分布	样本数量	所占比例
性别	男	292	90.7%	年龄	17 岁及以下	24	7.5%
	女	30	9.3%		18～25 岁	150	46.6%
学历	高中及以下	81	25.2%		26～35 岁	95	29.5%
	大专学历	74	23.0%		36～45 岁	42	13.0%
	本科学历	137	42.5%		46 岁及以上	11	3.4%
	研究生及以上	30	9.3%	登录频率	每天至少 1 次	247	76.7%
注册会员时间	不到 1 个月	12	3.7%		平均每周 2～3 次	60	18.6%
	1～3 个月	14	4.3%		平均每周 1 次	4	1.2%
	3～6 个月	17	5.3%		每月 2～3 次	6	1.9%
	6 个月以上	279	86.6%		每月 1 次或更少	5	1.6%

第 3 节　数据分析

一、信度和效度检验

本章采用 SPSS19.0 与 Lisrel8.8 进行信度和效度检验。量表的信度和效度分析结果如表 9-2 所示，模型拟合值较好（整体模型拟合：Chi-square/d. f = 3.039，RMSEA = 0.079，NFI = 0.962，CFI=0.974，SRMR=0.037），可以看出，所有变量的内部一致性信度指标 Cronbach's α 均大于 0.8，且组合信度 CR 值均大于 0.8，表明各变量信度很好。同时，各题项在各自变量上的载荷值均大于 0.8，且所有变量 AVE 值大于 0.6，表明各变量具有良好的聚合效度。另外，表 9-3 显示了各变量间的相关系数以及 AVE 的平方根，可以看出，AVE 的平方根均大于各变量之间的相关系数，表明变量之间区分效度良好。此外，本章采用嵌套模型再次验证了变量之间的效度，如表 9-4 所示，可以看出，五因子模型的拟合指标好于其他所有的模型，表明变量之间良好的聚合效度与区分效度。

表 9-2　量表的信度和效度

变量	题项	因子载荷	Cronbach's α	AVE	CR
管理员支持感（PMS）	当我需要帮助时，该社区的管理员会帮助我	0.868	0.929	0.767	0.929
	该社区的管理员重视我的价值和目标	0.887			
	该社区的管理员重视我提出的意见	0.893			
	当我需要特殊帮助时，该社区的管理员能够帮助我	0.854			
社区支持感（PCS）	当我需要帮助时，该社区会帮助我	0.841	0.935	0.784	0.936
	该社区重视我的价值和目标	0.914			
	该社区重视我提出的意见	0.911			
	当我需要特殊帮助时，该社区能够帮助我	0.874			
品牌认同（BI）	当他人赞扬该公司时，我感觉这也是对我的赞美	0.823	0.870	0.693	0.871
	当他人批评该公司时，我感觉这也是对我的批评	0.807			
	该公司的成功就是我的成功	0.866			

续表

变量	题项	因子载荷	Cronbach's α	AVE	CR
社区成员认同（MI）	当他人赞扬该社区的用户时，我感觉这也是对我的赞美	0.884	0.901	0.753	0.901
	当他人批评该社区的用户时，我感觉这也是对我的批评	0.845			
	该社区的用户的成功就是我的成功	0.873			
顾客创新行为（CIB）	我经常在社群中提出各种不同的新点子	0.803	0.938	0.718	0.938
	我经常创造性地解决产品问题	0.815			
	我经常提出一些与众不同的观点	0.862			
	我经常提出富有原创性的且实用的解决方法	0.870			
	我经常在社群中提出大量的新点子	0.870			
	我经常在社群中提出新创意和想法	0.860			

表 9-3　相关系数矩阵和 AVE 的平方根

变量	均值	标准差	PMS	PCS	BI	MI	CIB
管理员支持感（PMS）	4.936	1.345	0.876				
社区支持感（PCS）	5.013	1.325	0.719***	0.885			
品牌认同（BI）	4.846	1.466	0.441***	0.457***	0.832		
社区成员认同（MI）	4.575	1.483	0.470***	0.465***	0.742***	0.867	
顾客创新行为（CIB）	4.255	1.235	0.248***	0.315***	0.395***	0.384***	0.847

注：*** 表示 $P<0.01$；对角线上的值为 AVE 的平方根。

表 9-4 嵌套模型

模型	Chi-square /d. f.	NFI	CFI	RMSEA	SRMR
单因子 PMS+PCS+BI+MI+CIB	30.281	0.602	0.609	0.302	0.186
二因子 PMS+PCS+BI+MI，CIB	15.103	0.803	0.813	0.210	0.306
三因子 PMS+PCS，BI+MI，CIB	6.850	0.912	0.923	0.135	0.054
四因子 PMS+PCS，BI，MI，CIB	6.495	0.918	0.929	0.131	0.051
四因子 PMS，PCS，BI+MI，CIB	3.426	0.957	0.969	0.087	0.041
五因子 PMS，PCS，BI，MI，CIB	3.039	0.962	0.974	0.079	0.037

二、共同方法偏差以及非响应偏差检验

当数据从同一来源收集时，不可避免地存在共同方法偏差问题。为检验共同方法偏差，本章采用两种方法进行共同方法偏差的检验。第一，通过 Harman 单因素法，在未旋转时将全部变量放在一起进行主成分分析，所得到的第一个因子解释的总方差为 45.1%，低于 50 %，说明共同方法偏差在能够接受的范围内。第二，通过考察变量之间的相关系数来判断共同方法变异。变量之间的相关系数处于 0.248～0.742 之间，未超过严重共同方法偏差的临界值 0.9。因此，本章的共同方法偏差不严重。

本章根据问卷星提供的样本填答时间将样本分为前后两批，并对各变量进行独立样本 t 检验，结果表明所有变量在 0.05 的显著性水平下均不显著，因此，本章的数据不存在严重的非响应偏差。

三、假设检验

本章使用 SPSS19.0 通过 5 个模型对假设 1～7 进行验证，如表 9-5 所示。模型 1 以社区支持感为因变量，管理员支持感以及控制变量为自变量；模型 2 以品牌认同为因变量，两种支持感以及控制

变量为自变量；模型 3 以社区成员认同为因变量，两种支持感以及控制变量为自变量；模型 4 以顾客创新行为为因变量，两种认同与控制变量为自变量；模型 5 以顾客创新行为为因变量，两种支持感、两种认同以及控制变量为自变量。多重共线性的分析结果表明，各变量 *VIF* 值均小于 10，Tolerance 值均大于 0.1，表明各变量间不存在显著的多重共线性问题，因此可以采用回归分析进行假设检验。

表 9-5　回归分析结果

自变量	因变量				
	模型 1	模型 2	模型 3	模型 4	模型 5
	社区支持感	品牌认同	社区成员认同	顾客创新行为	顾客创新行为
性别	0.096 (0.532)	−0.049 (−0.194)	−0.019 (−0.076)	−0.226 (−1.024)	−0.262 (−1.190)
年龄	0.007 (0.124)	−0.089 (−1.123)	−0.029 (−0.371)	−0.055 (−0.793)	−0.057 (−0.831)
登录频率	−0.115 (−1.631)	−0.128 (−1.302)	0.081 (0.824)	0.005 (0.053)	0.029 (0.331)
注册会员时间	0.072 (0.965)	−0.006 (−0.062)	0.079 (0.752)	0.039 (0.425)	0.033 (0.358)
学历	0.019 (0.357)	−0.078 (−1.026)	−0.005 (−0.061)	0.003 (0.043)	0.001 (0.019)
管理员支持感	0.703*** (18.123)	0.244*** (3.156)	0.314*** (4.043)		−0.043 (−0.621)
社区支持感		0.315*** (4.005)	0.297*** (3.767)		0.169** (2.401)
品牌认同				0.206*** (3.143)	0.179*** (2.709)
社区成员认同				0.168*** (2.627)	0.137** (2.081)
R^2	0.523	0.246	0.258	0.179	0.197
调整 R^2	0.514	0.229	0.241	0.161	0.174
F	57.672***	14.617***	15.564***	9.776***	8.510***

注：*** 表示 $P<0.01$；** 表示 $P<0.05$；* 表示 $P<0.1$。

模型1结果表明，管理员支持感与社区支持感正向相关，H1得证。模型2结果表明，管理员支持感、社区支持感与品牌认同正向相关，H2，H4得证。模型3结果表明，管理员支持感、社区支持感与社区成员认同正向相关，H3，H5得证。模型4结果表明，品牌认同、社区成员认同与顾客创新行为正向相关，H6，H7得证。模型5同时放入两种支持感以及两种认同，可以看出，在该情况下两种认同与顾客创新行为正向相关，社区支持感与顾客创新行为正向相关，管理员支持感与顾客创新行为没有关系，说明在考虑两种认同的情况下，管理员支持感对顾客创新行为的直接作用并不成立，社区支持感对顾客创新行为的直接作用成立。对于是否存在两种支持感通过两种认同对顾客创新行为的间接作用，还需要进一步验证。

对于中介效应H8，H9的验证，本研究参照Preacher和Hayes（2008）关于多中介模型检验的建议，通过检验间接效应（自变量到中介变量的系数a与中介变量到因变量的系数b的乘积项）的显著性验证来确定中介效应。根据Preacher和Hayes的建议，使用Bootstrap的方法进行中介效应的检验能够避免由系数乘积引起的违反分布假设问题，提高间接效应检验的统计效力。本章根据Hayes制作的SPSS的Process程序进行Bootstrap区间检验，并同时计算了直接效应值、总间接效应值以及两条中介路径的差值，将管理员支持感（社区支持感）放入自变量位置，品牌认同和社区成员认同放入中介变量位置，顾客创新行为放入因变量位置，性别、年龄、登录频率、注册会员时间、学历以及社区支持感（管理员支持感）放入控制变量位置，Bootstrap中介检验结果如表9-6所示。由于Sobel test检验也是基于乘积项的中介效应检验，因此，本章也使用了Sobel test检验的方法对中介作用结果进行检验，以增强研究结论的可靠性。Sobel test中介检验结果如表9-7所示。

表 9-6　Bootstrap 中介检验结果（Bootstrap=5 000）

路径	效应值	标准差	95%置信区间	
			LLCI	ULCI
管理员支持感-顾客创新行为				
直接效应	-0.043	0.069	-0.179	0.093
总间接效应	0.087**	0.034	0.031	0.170
间接效应差	0.001	0.038	-0.066	0.086
管理员支持感-品牌认同-顾客创新行为	0.044**	0.024	0.009	0.108
管理员支持感-社区成员认同-顾客创新行为	0.043**	0.028	0.002	0.112
社区支持感-顾客创新行为				
直接效应	0.169**	0.704	0.031	0.307
总间接效应	0.097**	0.036	0.037	0.174
间接效应差	0.015	0.041	-0.057	0.108
社区支持感-品牌认同-顾客创新行为	0.056**	0.028	0.014	0.129
社区支持感-社区成员认同-顾客创新行为	0.041*	0.027	-0.001	0.104
			0.007[a]	0.095[a]

注：*** 表示 $P<0.01$；** 表示 $P<0.05$；* 表示 $P<0.1$；*a* 为 90%置信区间估计结果；LLCI 为置信区间下限，ULCI 为置信区间上限。

表 9-7　Sobel test 中介检验结果

路径	间接效应值	标准差	*Z* 值	*P* 值
管理员支持感-品牌认同-顾客创新行为	0.044**	0.022	1.999	0.046
管理员支持感-社区成员认同-顾客创新行为	0.043*	0.024	1.807	0.071
社区支持感-品牌认同-顾客创新行为	0.056**	0.026	2.197	0.028
社区支持感-社区成员认同-顾客创新行为	0.041*	0.023	1.774	0.076

注：*** 表示 $P<0.01$；** 表示 $P<0.05$；* 表示 $P<0.1$。

由中介效应分析结果可以看出，在考虑管理员支持感对顾客创新行为的间接作用的情况下，其对顾客创新行为的直接作用不显著，通过品牌认同的间接作用效应值为 0.044，Sobel test 检验结果 $p<0.05$，95%置信区间不包含 0；通过社区成员认同的间接效应值为 0.043，Sobel test 检验结果 $p<0.1$，95%置信区间不包含 0。因此，H8a，H8b 得证。在考虑社区支持感对顾客创新行为的间接作用的情况下，其对顾客创新行为仍旧存在直接作用，效应值为 0.169，95%置信区间不包含 0，通过品牌认同的间接作用效应值为 0.056，Sobel test 检验结果 $p<0.05$，95%置信区间不包含 0，因此，H9a 得证；通过社区成员认同的间接作用效应值为 0.041，Sobel test 检验结果 $p<0.1$，95%置信区间包含 0，但 90%置信区间不包含 0，因此，H9b 得证。另外，从结果中总间接效应的检验可以看出，在该模型下，管理员支持感对顾客创新行为的总间接效应为 0.087，社区支持感对顾客创新行为的总间接效应为 0.097，且这两个自变量对因变量的总间接效应均在 95%置信区间上显著。从结果中的间接效应之差可以看出，两组中介变量的比较结果均在 95%置信区间上不显著，这说明品牌认同与社区成员认同在中介过程中的作用相当。

第 4 节　结论与建议

一、研究结论

作为企业顾客创新的主要来源地，品牌社区蕴含大量创新思想。在品牌社区中，管理社区的社区管理员的作用不容忽视。本章通过品牌社区中顾客回报的感知以及参与数据，研究了品牌社区中管理员支持感、社区支持感对顾客创新行为的影响和作用机制。通过对三个手机品牌的社区问卷调查，研究发现：

第一，品牌社区管理员在社区中的作用并不完全等同于企业的作用。在品牌社区中顾客能够同时感知到两种不同的支持感，即管

理员支持感与社区支持感，并且在社区中顾客会将管理员感知为品牌的代表，因此，感知到的管理员支持也能促进顾客对于社区整体支持的感知。

第二，在品牌社区中，管理员既作为品牌的代表，行使管理社区的职能，又作为一名社区参与者，与其他社区成员进行互动。根据社会认同理论，社区之中的这种管理员双重身份产生的支持行为能够增强成员的自我归类，增强社区成员与非社区成员的身份区分，因此，既能够促进社区中顾客对品牌的认同，也能够促进顾客对社区成员的认同。

第三，社区支持感作为顾客对于社区是否重视成员的整体看法，既来源于企业对社区成员的支持行为，也来源于社区成员之间的支持行为。根据社会认同理论，这两方面的支持能增强成员在作为品牌成员以及社区成员的自我归类，因此，也能促进顾客的品牌认同以及社区成员认同。

第四，顾客对管理员支持的感知以及对社区支持的感知能够通过增强其品牌认同以及社区成员认同来促进其做出顾客创新行为。品牌社区本质上是一种以共同身份凝聚的网络组织，因此，认同感是品牌社区维系的关键。管理员支持以及社区支持能够强化顾客对于品牌成员、社区成员的感知，这种感知能够增强顾客对社区和成员的认同，进而促进顾客做出顾客创新行为。

二、管理建议

根据本章的研究结果，企业可以通过一些方式促进顾客创新行为的产生，进而提高企业的竞争能力。另外，本章的结论能够为企业管理品牌社区提出一些具体建议。

第一，企业应当重视品牌社区中顾客的创新行为。品牌社区作为企业维护品牌顾客关系、促进顾客互动的有效方式，能够促进顾客生成更多的用户生成内容，这些用户生成内容中会存在对企业经营有利的各种创新思想，因此，企业应当重视品牌社区中顾客产生的创新行为，通过顾客群体的集体智慧为企业创造更强的竞争优势与更好的经营绩效。

第二，企业应该选择能够为成员提供支持感的管理员并以考核的方式激励管理员支持行为的产生。由于管理员支持感能够促进顾客进行社区中的创新行为，因此，企业需要建立一支能够真正为顾客提供支持的高素质的管理员团队。管理员的双重身份既能促进顾客对品牌的认同，也能促进对社区成员的认同，因此，在管理员的选择上，企业可以多从品牌社区的领先顾客中筛选合适的成员并让其担任社区管理员，比如社区版主的职务。对社区管理员的管理上，企业不应该只局限于让管理员进行一些删除违规帖、添加精华帖等基本活动，应该更多地鼓励社区管理员对成员问题耐心解答，展示出更多的支持行为。另外，管理员在社区中的活动不应该只局限于发布官方信息，也应该积极加入到其他成员所发布帖子的讨论中。

第三，企业应该为成员营造更好的社区支持感。社区支持感能够增加顾客对品牌的认同以及对社区成员的认同，因此企业需要为社区成员营造更好的社区支持感。社区支持感来源于企业政策和成员支持两方面，企业需要在社区规章的设定上多为顾客考虑，多多吸纳成员的意见，因为已有研究表明，在产品开发上，企业采用顾客创新驱动的产品能够赢得顾客的好感，社区管理多吸纳成员意见、多考虑成员感受的支持行为也能够促进顾客对于社区的喜爱。对于来源于社区成员所产生的社区支持感，企业可以增加社区互动在社区积分中的占比，促进社区成员之间的互动。另外，企业可以设置互动内容的评价机制，如果某顾客在评论或互动中提供了非常有用的信息，其他顾客会对其做出正向的评价，这能够促进社区支持行为的产生，进而提升顾客的认同感以及促进顾客创新行为的产生。

第四，企业应该关注顾客对品牌和成员的认同感。品牌认同与社区成员认同作为凝聚品牌社区的核心内容，能够正向促进顾客创新行为的产生。企业可以通过更多的品牌信息传播来获得更高的顾客品牌认同感。同时，本章也发现了社区成员认同的积极作用，为了促进社区成员间的认同，企业可以通过举办多样化的线下活动来

增加成员之间的认同。此外，认同的来源是对群体的划分，企业也可通过设置不同的用户群组来增强用户群组之间的认同感，进而促进顾客的创新行为。

本章的研究存在一些局限。首先，本章只选用了国内手机行业的三个社区作为研究对象，并未选取其他行业应用顾客创新的品牌社区。其次，本研究证明了管理员支持感对社区支持感的直接作用，并未对添加社区支持感对管理员支持感中介作用的更为复杂的模型进行验证。再次，本章也未考虑社区中存在的两种认同，即品牌认同与社区成员认同之间的关系。最后，本章只考虑了社区中的一类特殊人物，即社区管理员。社区中还存在着类似意见领袖、线下的亲戚朋友等特殊人物的个体，也存在网络中心人物、结构洞等特殊人物，这些人物能够在一定程度上影响顾客在社区中的行为。未来的研究可以从上述几方面加以改进。

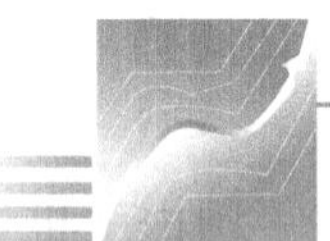

第 10 章 用户创新社区的评价指标体系构建

本章作为全书的最后一章，将对大众生产的效果做出评价，促进企业提高大众生产的效率。大众生产往往依托互联网虚拟社区这一载体来实施，已有学者将其称为用户①创新社区（user innovation communities），如宝洁的 Connect＋Develop 社区邀请社会大众参与产品研发，星巴克开设在线平台征求全球用户的建议，戴尔通过 Ideastorm 收集外部用户创意以改进产品软件设计，海尔众创意社区鼓励人人做创客，小米通过在线社区进行软件更新和手机改进。本章研究的重点是以往学者较少涉及的用户创新社区的评价。本章在文献研究的基础之上，试图应用层次分析法设计一套能够从社区成员和企业的双层角度提

① 用户与顾客同义，虽然前文一些章节研究了顾客创新，但是在本章，国外学者都称其为用户创新社区，因而本章并未统一使用顾客一词。

出的测评用户创新社区基本情况与运行绩效的指标体系，选取国内最具代表性的用户创新社区——小米社区和海尔社区为评价对象，分别对用户和管理者进行评分调查，通过实证研究检验用户创新社区指标体系，比较两个社区的异同。

第1节　理论综述

一、用户创新的界定与相关研究

网络经济时代背景下，用户已经成为企业重要的创新力量，用户参与共同创造价值被视为未来竞争的主要模式（Prahalad，Ramaswamy，2004）。随着用户对产品或服务的体验创新的高要求，用户从被动接受产品或服务转变为主动提出需求，以获得心理上自我认可的全面满足。在这种高层次的需求驱动下，以生产者为主体的创新模式正逐步向以用户、大众为主体的创新模式转变。相比于企业的内部研发者，拥有一定能力和知识的用户往往能提出更新颖、更符合需求的想法，也能更好地解决企业的产品或服务问题（Poetz，Schreier，2012）。Hippel（2001）将用户创新定义为大量的用户拥有丰富的知识和技能，并乐于通过一定的渠道参与到企业的创新活动中，以获得经济利益和社会效益，实现自我需求。王永贵等（2008）认为用户创新是指产品或服务的用户对所使用的对象提出的新设想或进行的完善。目前，用户创新已经成为企业重要的创新来源，并且创造了大量的社会福利（Hippel，2016）。Hanna 等（2011）的研究表明企业可以基于互联网搭建共享平台来拉近与用户之间的距离，该平台可以让用户自由发表意见和创新方法，实现与用户共同创造和协同创新。本章把网络环境下用户创新界定为使用或了解企业产品或服务的用户通过各种方式[①]参与到企业产品或服务

① 可以是企业构建的社区、第三方社区或其他线下方式。

的创新过程中，直接或间接地参与企业创新活动。

国内外用户创新的相关研究主要集中于领先用户的识别与管理、用户创新参与、用户创新的影响等方面。Hippel（2001）首先提出领先用户（leading users）的定义之后，Lilien（2002）通过研究表明，领先用户完成了大部分的用户创新，且由他们创造的新产品是商业产品的基础。Schweisfurth（2015）研究了企业雇用领先用户对企业创新的影响。用户参与创新的动机也是该领域的重要理论问题。Kristensson（2008）发现相比于外在动机，用户受内在动机的影响更为明显。国内学者冯旭（2010）基于服务企业角度分析出服务特性、用户创新能力、技术因素、企业自身是影响用户参与服务创新的重要因素。用户创新会产生更多的创新理念，提高用户的体验和满意度。学者根据主体的不同对用户创新的绩效进行了研究，Crawford等（2011）认为用户是新产品或者服务创新的源泉和动力，张德鹏等（2015）发现参与创新能够增加用户自身的心理所有权，促进口碑传播意愿。

二、用户创新社区的界定

随着信息技术的发展，虚拟网络技术支持的在线社区开始出现。Rheingold（1993）提出虚拟社区的概念，是指基于网络空间分享知识技能并形成个人关系网的社会集合体。随着用户创新社区的出现和发展，学者基于不同的角度提出用户创新社区的定义，见表10-1。

表10-1 用户创新社区的定义

学者	用户创新社区的定义
Franke & Shah (2003)	用户创新社区是组织产品或服务的最终用户通过在线社区组织起来并且分享创新活动
Hau & Kim (2011)	用户创新社区是企业为用户参与创新创造的平台，用户成员之间可以免费、自愿地创造和分享知识与想法

续表

学者	用户创新社区的定义
王永贵（2011）	用户创新社区以创新用户为主体，对企业的产品或服务进行创新并无偿向其他用户公开分享
丁志慧等（2015）	用户创新社区是在线形式的创新社团，由对特定产品或创新项目有共同兴趣的用户组成，以信息技术为支撑，共同进行产品开发的网络虚拟社区

综上，本章将用户创新社区定义为由拥有一定创新动机、知识、技能的用户组成，通过在线方式参与到企业的创新活动中，满足用户的关系、兴趣、创造等需求的网络虚拟社区。

三、用户创新社区的评价指标体系

用户创新社区是一种新兴的网络虚拟社区，目前还未形成用户创新社区评价指标体系的系统研究。对于被学术界较早关注的虚拟社区评价指标体系，学者已经有了一定的研究成果。Romn 等（1997）从社会学的角度提出了虚拟社区发展的三阶段模式。Kollock（1998）提出虚拟社区成功主要依靠成员对社区的认同、社区的良好互动、成熟的仪式。Preece 等（2001）的研究定性地提出了衡量虚拟社区绩效的指标体系，并从社区的社会性和有用性衡量了虚拟社区。

国内学者范晓屏等（2007）基于社区成员的视角构建了评价在线社区的指标体系，其指标分别是目标与定位（目标清晰性、定位准确性）、交互与凝聚（信任、归属感、互惠）、社区组织（社区导向、社区规范）、基础构建（技术稳定性）。冯鑫（2014）基于用户融入角度把虚拟社区的认知融入、情感融入、行为融入作为社区的评价体系，使用虚拟社区的智慧价值、社会价值、文化价值对社区价值进行评价。孟韬等（2017）归纳出，对于虚拟社区的研究以往主要关注社区本身、社区用户以及社区绩效三大类。

目前还没有完整表述用户创新社区的评价体系，因此本章借鉴虚拟社区的评价指标体系，结合创新理论和用户创新社区的特点，将其分为创新主体、创新组织、创新绩效三部分进行评价。创新主体从用户互动、用户体验、用户行为三方面进行测量，创新组织从社区构建、社区管理、信息质量、技术支持四方面进行衡量，创新绩效从过程绩效和结果绩效两方面进行衡量。

第2节　用户创新社区评价指标体系与权重的确立

在以往学者的研究基础上，本章对上述二级指标进一步分析，确立了用户创新社区指标体系，见表10-2。

表10-2　用户创新社区指标体系

一级指标	二级指标	三级指标	评价标准
创新主体	用户互动	自我效能	个体对自己行为的动机、认知能力以及达到目标的行为能力所持有的信念
		同质性	个人和进行互动的其他个体在特定属性上的适合性和相似性
		社群认同	社区成员基于共同身份对群体产生的认可
	用户体验	功能体验	社区的功能特性对用户需求满足的主观认知程度
		情感体验	用户建立的与社区及其他用户的情感联结
		认知体验	用户在社区中对问题的思考和有意识地获取知识，促使用户对相关领域知识的学习并突破现有创造力而带来的体验
		社会体验	用户通过互动合作得到支持，找到归属感和友谊，即对社会性需求满足程度的感知
	用户行为	分享	用户在社区中分享个人经验、信息和知识的过程
		学习	用户在社区中通过信息的获得而提升认知的过程
		倡导	对某品牌、产品、服务或组织的积极推荐
		创新	对某产品或服务进行的创新过程或成果

续表

一级指标	二级指标	三级指标	评价标准
创新组织	社区构建	社区规模	社区中注册用户的数量和帖子的数量
		社区目标	社区目标明确且符合实际
		社区结构	社区内各要素的内部及其相互间关系稳定
	社区管理	社区监管	企业或管理者制定公正的奖惩机制及成型的规范
		社区激励	企业或管理者通过激励等措施营造社区氛围
		创意采纳	对于优秀的创新成果，企业能够及时发现并采用
	信息质量	内容质量	社区的信息内容是丰富、准确可靠的
		效用质量	社区的信息具有时效性
	技术支持	安全性	社区有严密的成员信息安全机制
		运行速度	社区网站运行速度较快
		外观设计	社区的设计美观、布局合理、易于操作
创新绩效	过程绩效	创新品质	社区使创新过程得到优化，创新成果质量得到提升
		创新速度	社区的创新过程效率高，更新速度快
	结果绩效	市场绩效	社区的运行使企业增加社会福利，满足用户的需求
		竞争优势	社区的运行增强了企业的竞争优势
		外界评价	外界对社区的运行评价很高，满意度很高
		解决迫切问题的程度	社区的运行有助于解决目前公司迫切需要解决的问题

本章以行业专家、社区的管理者和社区忠诚用户作为评价者，采用层次分析法，构建同一层次指标的两两判断矩阵，并进行一致性检验，从而确定各评价指标的权重。在确定一级指标的权重时，将一级指标中的创新主体、创新组织和创新绩效作为目标和评价因素，对 20 位专家的判断矩阵各要素取均值，获得均值判断矩阵，构

造出判断矩阵 $S=(u_{ij})_{p\times p}$，计算得出一级指标判断矩阵，结果如表10－3所示。

表 10－3　一级指标判断矩阵

	创新主体（A1）	创新组织（A2）	创新绩效（A3）
创新主体（A1）	1	1.02	1.34
创新组织（A2）	0.98	1	1.12
创新绩效（A3）	0.75	0.89	1

根据判断矩阵用 MATLAB 进行数据处理后再进行一致性检验：

$$CI=\frac{\lambda_{\max}-n}{n-1}=\frac{3.0031-3}{3-1}\approx 0.0016 \tag{10-1}$$

对照判断矩阵 RI 值表，$n=3$ 时，平均随机一致性指标 $RI=0.58$。进而计算随机一致性比率：

$$CR=\frac{CI}{RI}=\frac{0.0016}{0.58}\approx 0.0028<0.10 \tag{10-2}$$

求得 $CR<0.1$，通过一致性检验，得到合理的一级指标权重，见表10－4。

表 10－4　一级指标权重

指标层	权重
创新主体（A1）	0.368 1
创新组织（A2）	0.342 1
创新绩效（A3）	0.289 8

对于二级指标权重、三级指标权重，指标权重计算过程不再赘述，结果均通过一致性检验，对总排序的一致性比例进行计算：

$$\begin{aligned} CR&=\frac{a_1CI_1+a_2CI_2+a_3CI_3+\cdots+a_nCI_n}{a_1RI_1+a_2RI_2+a_3RI_3+\cdots+a_nRI_n} \\ &=\frac{0.05427}{1.7541}\approx 0.031<0.10 \end{aligned} \tag{10-3}$$

通过了总排序的一致性检验，即层次总排序具有满意的一致性。综上所述，得出表10－5所示的层次总排序权重。

表 10－5　层次总排序权重

一级指标	权重	二级指标	权重	三级指标	权重	综合权重
创新主体（A1）	0.368 1	用户互动（B11）	0.422 4	自我效能（C111）	0.464 2	0.072 176
				同质性（C112）	0.205 0	0.031 875
				社群认同（C113）	0.330 7	0.051 419
		用户体验（B12）	0.241 3	功能体验（C121）	0.404 5	0.035 930
				情感体验（C122）	0.233 0	0.020 700
				认知体验（C123）	0.219 1	0.019 460
				社会体验（C124）	0.143 4	0.012 737
		用户行为（B13）	0.336 3	分享（C131）	0.287 0	0.035 520
				学习（C132）	0.166 0	0.020 550
				倡导（C133）	0.222 0	0.027 480
				创新（C134）	0.326 0	0.040 360
创新组织（A2）	0.342 1	社区构建（B21）	0.405 8	社区规模（C211）	0.486 7	0.067 566
				社区目标（C212）	0.344 6	0.047 839
				社区结构（C213）	0.168 7	0.023 420
		社区管理（B22）	0.297 5	社区监管（C221）	0.320 9	0.032 660
				社区激励（C222）	0.278 2	0.028 314
				创意采纳（C223）	0.400 9	0.040 801
		信息质量（B23）	0.177 9	内容质量（C231）	0.683 0	0.041 567
				效用质量（C232）	0.317 0	0.019 292
		技术支持（B24）	0.118 9	安全性（C241）	0.474 5	0.019 301
				运行速度（C242）	0.351 7	0.014 306
				外观设计（C243）	0.173 8	0.007 069
创新绩效（A3）	0.289 8	过程绩效（B31）	0.430 9	创新品质（C311）	0.797 5	0.099 587
				创新速度（C312）	0.202 5	0.025 287
		结果绩效（B32）	0.569 3	市场绩效（C321）	0.331 3	0.054 659
				竞争优势（C322）	0.269 9	0.044 529
				外界评价（C323）	0.211 8	0.034 943
				解决迫切问题的程度（C324）	0.187 0	0.030 852

第3节　实证检验与分析

本章选取小米社区和海尔社区对用户创新社区评价指标体系的应用进行检验和比较分析。小米社区和海尔社区都是国内最具代表性、发展相对成熟的用户社区。其中小米社区作为国内用户创新社区的先驱，具有一定的规模和影响力。海尔社区是为家电用户打造的专业交互平台，在知识互动中实现开放式创新。二者都存在提供给用户参与企业创新的板块，且该类板块拥有较高的活跃度，交互频繁。两个社区所属的企业属于不同的行业，具有行业差异性。小米是新兴互联网企业的代表，海尔是传统家电制造企业的典范，通过双实证研究对比能够增加研究信度。

一、数据收集

研究问卷发放时间为2017年4—7月，针对参与小米社区、海尔社区等企业社区相关创新活动的用户和两个社区的管理人员两类调查对象，本次调研分两部分同时展开。对于用户的调研在小米社区得到的有效问卷共240份，对小米社区管理人员发放问卷得到有效问卷40份，海尔社区有效问卷数量与小米社区数量相同。

对照前文中构建的评价指标设计评价问卷，对象分别为社区用户和管理者，采用李克特5分量表的形式（1～5分代表很差到很好）。评价问卷的内容分为创新主体、创新组织和创新绩效三部分，创新主体是用户，用户的活动发生在社区内，因此对于创新组织拥有发言权；管理者是企业的创建者，了解社区的组织架构和运行绩效，因此管理员可以对创新组织和创新绩效进行评价。

二、小米社区和海尔社区的评价研究

首先运用模糊综合评价方法对小米社区进行评价，邀请社区用

户和管理者进行评价打分，之后汇总数据处理。三级指标的分数可通过综合评价分数求其平均数直接得出，二级指标的评价需要按照模糊综合评价的步骤进行计算。以二级指标用户互动（B11）为例，首先按其下分的三级指标权重构建矩阵，即为 $U_1=$（0.464 2 0.205 0 0.330 7），之后根据用户对三级指标的评价除以评价主体人数，得到各个指标的评分，汇总构建模糊矩阵 R_1，即

$$R_1=\begin{bmatrix}0.3917 & 0.3167 & 0.233 & 0.255 & 0.033\\0.4417 & 0.325 & 0.175 & 0.033 & 0.025\\0.4083 & 0.4 & 0.1667 & 0.0167 & 0.008\end{bmatrix}$$

再将权重矩阵 U_1 和 R_1 相乘，得到用户互动（B11）的模糊综合评价向量。

$$\begin{aligned}\mathrm{B11}=U_1\times R_1&=(0.4642\quad 0.2050\quad 0.3307)\\&\quad\times\begin{bmatrix}0.3917 & 0.3167 & 0.233 & 0.255 & 0.033\\0.4417 & 0.325 & 0.175 & 0.033 & 0.025\\0.4083 & 0.4 & 0.1667 & 0.0167 & 0.008\end{bmatrix}\\&=(0.4074\quad 0.345917\quad 0.199161\\&\quad 0.130659\quad 0.023089)\end{aligned}\tag{10-4}$$

在模糊综合评价中，一般情况下设置五个级别，即 $V=[V_1, V_2, V_3, V_4, V_5]$ =［很好，较好，一般，较差，很差］，并且赋值为 $V=[5, 4, 3, 2, 1]$，将 B11 与 V 相乘，可得用户创新的评分为 4.302 558 分。

同理可得 B12、B13 的评价向量，综合二级指标的权重向量和评价向量，得出一级指标 A1 的评价向量。同理可求 A2，A3 的评价向量。综合一级指标的评价向量和权重向量，得出整体的评价向量为：

$$\begin{aligned}S&=(0.3681\quad 0.3421\quad 0.2898)\\&\quad\times\begin{bmatrix}0.371167 & 0.340099 & 0.235874 & 0.027318 & 0.025934\\0.315032 & 0.343643 & 0.274857 & 0.03431 & 0.032226\\0.341077 & 0.365819 & 0.214655 & 0.072252 & 0.006184\end{bmatrix}\\&=(0.343243\quad 0.348765\quad 0.243061\\&\quad 0.042732\quad 0.022363)\end{aligned}\tag{10-5}$$

综上计算出小米用户创新社区的整体评分值为3.948 285，海尔社区的评价过程同小米社区的评价过程，得到海尔社区的整体评价值为3.838 1。小米社区综合评价得分稍高于海尔社区，两社区的整体评价值都处于一般与较好之间，这说明国内的用户创新社区已经得到认同，发挥了创新作用。根据对数据的处理，可得到小米社区和海尔社区的一级指标得分表，见表10－6。

表10－6　一级指标得分表

	小米社区	海尔社区
创新主体（A1）	4.004 423	3.730 6
创新组织（A2）	3.875 211	3.888 9
创新绩效（A3）	3.958 750	3.914 9

首先，小米社区的创新主体得分高于海尔社区，这符合小米社区重视与用户的交流互动，优化用户体验，并着重培养忠诚用户的现状。反观海尔社区内用户互动不充分，海尔需要通过各种激励措施培养忠诚用户，组织互动活动使用户间的关系更加紧密。其次，在创新组织指标中，小米社区得分与海尔相差不多。社区的组织建设是社区运行和发挥作用的基础，在此方面两个社区都有各自的长处和需要改进的地方，小米社区应该加强社区的监管和创意采纳、优化流程，海尔社区需要扩大社区规模，提高社区影响力。最后，社区的价值最终反映在社区的创新绩效上，从该项得分看，社区的运行得到了管理者的认可，这反映在过程绩效和结果绩效两方面。社区的运行从各个方面提高企业价值，能够有效地提高企业的创新品质和创新速度，进一步提高市场绩效，并以开放的姿态赢得竞争优势。

小米社区和海尔社区的二级指标与三级指标的对比分析见表10－7。

表 10-7 二级与三级指标得分表

二级指标	三级指标	评价分数			
		小米社区		海尔社区	
用户互动（B11）	自我效能（C111）	4.089 7	4.008 3	3.685 4	3.783 3
	同质性（C112）		4.125 0		3.912 5
	社群认同（C113）		4.183 3		3.408 3
用户体验（B12）	功能体验（C121）	3.936 5	3.958 3	3.888 9	3.875 0
	情感体验（C122）		3.808 3		3.487 5
	认知体验（C123）		3.958 3		3.925 0
	社会体验（C124）		4.050 0		3.512 5
用户行为（B13）	分享（C131）	3.939 0	4.091 7	3.914 9	3.741 7
	学习（C132）		3.991 7		3.808 3
	倡导（C133）		3.958 3		3.183 3
	创新（C134）		3.750 0		4.187 5
社区构建（B21）	社区规模（C211）	3.892 8	3.903 6	3.602 8	3.289 3
	社区目标（C212）		3.896 4		3.903 6
	社区结构（C213）		3.850 0		3.892 9
社区管理（B22）	社区监管（C221）	3.810 7	3.864 3	4.134 1	4.164 3
	社区激励（C222）		3.810 7		4.107 1
	创意采纳（C223）		3.767 9		4.128 6
信息质量（B23）	内容质量（C231）	3.928 4	3.921 4	4.097 2	4.228 6
	效用质量（C232）		3.946 4		3.814 3
技术支持（B24）	安全性（C241）	3.894 8	3.928 6	3.936 5	3.946 4
	运行速度（C242）		3.860 7		3.953 6
	外观设计（C243）		3.871 4		3.875 0
过程绩效（B31）	创新品质（C311）	3.919 6	4.025 0	4.270 0	4.275 0
	创新速度（C312）		3.850 0		4.250 0
结果绩效（B32）	市场绩效（C321）	3.914 9	3.925 0	3.644 8	3.675 0
	竞争优势（C322）		3.950 0		3.675 0
	外界评价（C323）		4.000 0		3.775 0
	解决迫切问题的程度（C324）		3.750 0		3.400 0

针对用户互动、用户体验和用户行为三个指标分析，小米社区评价得分均优于海尔社区，其中用户互动得分差别最大，尤其是三级指标社群认同海尔社区得分较低，说明在海尔社区中用户信任感和归属感较低。值得注意的是，在用户行为中的创新行为上，海尔

社区得分明显高于小米社区，说明海尔社区的用户创新意识和能力较强，善于运用社区来表达自己的创新成果，发挥了社区的作用。

关于社区构建指标，在社区规模上，小米社区是国内用户创新社区的先驱，早期的忠诚用户通过口碑宣传或其他方式吸引了大量社区成员，且小米手机与社区账号绑定，拥有小米手机的用户有社区的账号，遇到问题或者有建议时可随时登录社区进行询问或分享，这使得小米社区拥有广泛的用户基础。海尔社区在社区规模上不及小米社区，社区内活跃度不足，海尔的主要产品为家电，传统上用户在家电产品遇到问题时会求助于售后和维修，在社区中发布求助帖的较少，自然也少有用户发布分享使用心得、提出建议的帖子，因此，海尔社区应该吸引更多的用户参与，提高社区活跃度。

在社区管理指标中，小米社区评价得分低于海尔社区，在社区监管和社区激励方面，海尔社区内设有严格的发帖审核制度，并采取多种方式激励用户进行创新互动。在创意采纳方面，海尔社区内设有专栏和醒目的标识，创意采纳流程效率高。小米社区也吸纳用户创新，但创意采纳流程不明确，反馈时间长，且有些用户反映提交的创新成果并未得到反馈。两社区的信息质量与技术支持指标得分相差不大。

在过程绩效指标中，海尔社区的创新品质和创新速度评价高于小米社区，海尔社区更注重社区的创新作用，创意转化率高。鉴于此，小米社区应该增强创新意识，注重社区的创新功能，提高企业的创新能力。

在结果绩效指标中，两个社区在市场绩效、竞争优势、外界评价和解决迫切问题的程度四项指标的得分显示，社区的管理者对于社区带给企业的价值予以肯定。

第 4 节　结论与建议

一、结论

在互联网时代背景下，用户创新是企业创新的新模式，用户通过用户创新社区参与创新有利于发挥用户的创新能力和集体智慧，促进企业在互联网时代的创新与发展。本章在文献研究的基础之上，应用层次分析法提出了一套适合用户创新社区的评价指标体系，并通过小米和海尔两个用户创新社区的数据进行了实证检验和研究。通过各指标的得分和分析可以看出两个社区在各项指标中各有长处和不足。实证检验和研究显示该指标体系总体上符合用户创新社区的特质和实际，可以应用到实践中，印证了该指标体系的合理性和实践性。因此，对其他社区进行评价可以使用该项指标体系并借鉴上述过程。

在评价体系中，一级指标中创新主体权重占比最大，其次是创新组织，最后为创新绩效。此权重的设置体现了互联网用户创新时代，企业和用户间的角色越来越模糊化，随之而来的是用户逐渐成为创新活动的主体，企业和用户合作创新已经成为新一代企业创新的动力。用户创新社区作为用户参与企业创新的重要方式，其自身的组织构建自然影响着用户创新社区的运行发展。企业给予用户更多的权力，用户参与有助于减少企业成本，提高企业效率和核心竞争力，创造更多的价值，因此社区的绩效越来越受到关注。另外，通过实证分析可以看出国内的用户创新社区有很大的发展潜力，企业应更重视社区的作用，鼓励更多用户参与创新创造，根据评价体系改进不足，促进社区的完善。

二、管理建议

企业应顺应互联网时代潮流，转变思维，创新不能仅依靠内部的研发人员，更应借助企业外部主体——用户，实施开放式创新及用户创新模式。这种模式为企业拓展了企业与用户间的交互方式，是一种网罗创意、创新产品、维护客户关系、创建品牌的有效途径。企业可根据产品特点等自身情况建立用户创新社区，提供途径促使用户参与创新。本章提出的用户创新社区评价指标体系，有利于企业进一步了解用户创新社区和实施用户创新模式。根据指标体系和小米社区与海尔社区的研究结论，本章对企业完善用户创新社区提出如下管理建议。

首先，企业要依据用户特点和需求吸引用户参与，以提高用户的自我效能。研究提出的指标体系中创新主体所占权重最大，因此企业在建立用户创新社区时，要重视用户的互动方式、体验感受、行为活动等特点和需求，尤其要关注用户之间的互动，可以通过量身定制顾客有兴趣的互动内容和互动方式及鼓励顾客参与情感体验类的分享来引导社区内部良性互动，增进用户对社区的感情和归属感。同时，企业应优化管理领先用户，注重对用户的精神激励。例如，通过文化建设的方式使社区的价值观内化为用户的信念，使用户能够持续参与。

其次，创新组织是指标体系中权重较大的部分，其中社区构建和社区管理两项指标应该特别注意。一方面，要扩大社区规模，增加社区成员的数量，提高社区活跃度；另一方面，要完善社区管理，增加社区黏性，建立用户忠诚。社区的发展重点应放在培育创新用户，可采用举办线下见面会、颁奖会等方式密切联系用户。社区应完善发帖、跟帖流程，并且设置社区舆论监督员，专职收集用户意见和创意。

最后，企业应改进社区运行机制，提高创新品质。为了提高创新品质，可向用户提供用户创新工具箱（user innovation toolkit)，即帮助用户完成创新活动的软件程序组合及平台，并根据用户需要适时更新工具箱，通过使用户参与设计提高用户的创作热情。另外，在创意采纳部分，设置研发人员岗位，对创新进行审查，列出创新设计或想法的审查状态，及时给予答复，如果创意运用到实践之中，企业可将创意应用的收益和反响反馈给创意提供者。

参考文献

[1] 阿尔文·托夫勒．财富的革命．北京：中信出版社，2006.

[2] 阿尔文·托夫勒．第三次浪潮．北京：三联书店，1984.

[3] 艾金娣．P2P 网络借贷平台风险防范．中国金融，2012 (14).

[4] 常静，杨建梅，欧瑞秋．大众生产者的参与动机研究述评．科技管理研究，2009 (5).

[5] 常静，杨建梅．百度百科用户参与行为与参与动机关系的实证研究．科学学研究，2009 (8).

[6] 常亚平，陆志愿，朱东红．在线社会支持对顾客公民行为的影响研究：基于品牌社区的实证分析．管理学报，2015，12 (10).

[7] 陈国权，张中鑫，赵慧群．企业环境下个人获取知识和输出知识能力对组织公民行为影

响的研究．中国管理科学，2013，21（3）.

[8] 程志辉，费显政．同属顾客的企业认同对其公民行为的影响研究：在其他顾客的不当行为情境下．华东经济管理，2015，29（11）.

[9] 戴凌燕，陈劲．产品创新的新范式：用户创新．经济管理，2003（12）.

[10] 丁志慧，刘伟，黄紫微．面向用户创新社区的企业知识创新价值链模型研究．科技进步与对策，2015，32（12）.

[11] 杜鹏程，李敏，王成城．差错反感文化对员工双元绩效的影响机制研究．经济管理，2017（5）.

[12] 杜治洲，汪玉凯．电子政务与中国公共服务创新．中国行政管理，2007（6）.

[13] 范晓屏，孙居好．我国虚拟社区评价指标体系的构建．技术经济，2007，26（1）.

[14] 冯鑫．基于体验和协同视角的虚拟社区团购决策机制及评价体系研究．北京：北京邮电大学，2014.

[15] 冯旭．顾客参与服务创新的模式及其影响因素．江苏商论，2010（9）.

[16] 关新华，谢礼珊．顾客知识创造能力对服务创新的影响：基于团队深层特征的实证研究．经济管理，2016（8）.

[17] 贺和平，刘雁妮，周志民．体验营销研究前沿评介．外国经济与管理，2010，32（8）.

[18] 宏皓．2015年—2018年中国互联网金融发展趋势研究报告. 中国经济网，2015.

[19] 胡兵，熊元斌，王红．旅游地品牌的象征性意义与情感性品牌依恋：基于符号互动论视角．经济管理，2015（3）.

[20] 黄敏学，潘海利，廖俊云．社会化媒体时代的品牌沟通：品牌社区认同研究综述．经济管理，2017（2）.

[21] 黄震，邓建鹏，熊明，等．英美P2P监管体系比较与我国P2P监管思路研究．金融监管研究，2014（10）.

[22] 蒋仲山．关于规范 P2P 网贷行业的思考．浙江金融，2014 (8).

[23] 杰夫·豪．众包．北京：中信出版社，2009.

[24] 克莱·舍基．未来是湿的：无组织的组织力量．北京：中国人民大学出版社，2009.

[25] 李东卫．互联网金融的国际经验、风险分析及监管．吉林金融研究，2014 (4).

[26] 李建州，范秀成．三维度服务体验实证研究．旅游科学，2006，20 (2).

[27] 李良荣，张盛．互联网与大众政治的勃兴："新传播革命"研究之一．现代传播，2012 (3).

[28] 李维安，周建．网络治理：内涵、结构、机制与价值创造. 天津社会科学，2005 (5).

[29] 李耀，周密，王新新．顾客独创价值研究：回顾、探析与展望．外国经济与管理，2016 (3).

[30] 廖俊云，黄敏学，彭捷．虚拟品牌社区成员社会化策略及其影响．南开管理评论，2016 (5).

[31] 刘兰，孙坦，黄国彬．2007—2008 年国外有关开源软件的研究进展述评．图书馆建设，2009 (4).

[32] 刘茜琳．P2P 生存状况调查：挺过暴雷潮与合规检查后，春天还会远吗?．澎湃新闻，2018－12－31.

[33] 刘卫东．电子政务反腐败研究．法制与经济，2013 (1).

[34] 刘新，杨伟文．虚拟品牌社群认同对品牌忠诚的影响．管理评论，2012 (8).

[35] 刘玉敏，李广平．用工单位组织支持感对派遣员工离职倾向的影响：有调节的中介效应．管理评论，2016 (10).

[36] 刘征驰，赖明勇．虚拟抵押品、软信息约束与 P2P 互联网金融．中国软科学，2015 (1).

[37] 刘志坚，吴珂．众筹融资起源、发展与前瞻．海南金融，2014 (6).

[38] 卢纪华，陈丽莉，赵希男．组织支持感、组织承诺与知识型员工敬业度的关系研究．科学学与科学技术管理，2013 (1).

[39] 卢军，卢雅怀．专业化分工与交易费用控制的共赢：维基百科大规模协作模式的分析与启示．学术论坛，2009 (6).

[40] 罗珉，王雎．跨组织大规模协作：特征、要素与运行机制. 中国工业经济，2007 (8).

[41] 骆品亮，潘忠．自由软件开发的模块化理论解释与启示．中国工业经济，2004 (11).

[42] 吕福新，顾姗姗．心理所有权与组织公民行为的相关性分析：基于本土企业的视角和浙江企业的实证．管理世界，2007 (5).

[43] 孟韬，孔令柱．社会网络理论下“大众生产”组织的网络治理研究．经济管理，2014 (5).

[44] 孟韬，王维．社会网络视角下的虚拟社区研究综述．情报科学，2017，35 (3).

[45] 孟韬．网络社会中“产消者”的兴起与管理创新．经济社会体制比较，2012 (3).

[46] 孟韬．网络治理与集群治理．产业经济评论，2006 (1).

[47] 孟韬．消费者创新研究进展．经济学动态，2012 (1).

[48] 倪光南．推行开放标准 促进自主创新．中国标准化，2007 (2).

[49] 倪云华，虞仲铁．共享经济大趋势．北京：机械工业出版社，2016.

[50] 欧中洪，宋美娜，战晓苏，等．移动对等网络关键技术．软件学报，2008 (2).

[51] 普拉哈拉德，拉马斯瓦米．消费者王朝：与顾客共创价值. 北京：机械工业出版社，2005.

[52] 申光龙，彭晓东，秦鹏飞．虚拟品牌社区顾客间互动对顾客参与价值共创的影响研究：以体验价值为中介变量．管理学报，2016 (12).

[53] 史新，邹一秀．威客模式研究述评．图书与情报，2009

(1).

[54] 孙乃娟，卢强，李辉．体验价值驱动下网购顾客公民行为形成机制研究．财经论丛，2016 (3).

[55] 谭佳佳．国内开源软件开发人员的开源社区持续参与意愿研究．杭州：浙江大学，2008.

[56] 谭小宏，秦启文，潘孝富．企业员工组织支持感与工作满意度、离职意向的关系研究．心理科学，2007 (2).

[57] 唐嘉庚．互动性对 B2C 环境下信任及购买行为倾向影响研究．上海：复旦大学，2006.

[58] 王家富．体验经济时代的营销新策略：让消费者参与顾客价值创造．大众科技，2005 (12).

[59] 王莉，张庆国．众包与企业边界．现代管理科学，2010 (12).

[60] 王钦，高山行．基于知识披露的开源软件创新博弈模型研究．管理工程学报，2010，24 (4).

[61] 王晓川，陈荣秋，江毅．网络品牌社群中的创新活动及其前因与后效研究．管理学报，2014 (4).

[62] 王永贵，马双．虚拟品牌社区顾客互动的驱动因素及对顾客满意影响的实证研究．管理学报，2013，10 (9).

[63] 王永贵，姚山季，司方来，等．组织顾客创新、供应商反应性与项目绩效的关系研究：基于组织服务市场的实证分析．南开管理评论，2011，14 (2).

[64] 王永贵．顾客创新论：全球竞争环境下“价值共创”之道. 北京：中国经济出版社，2011.

[65] 王永跃，王慧娟，王晓辰．内部人身份感知对员工创新行为的影响：创新自我效能感和遵从权威的作用．心理科学，2015 (4).

[66] 吴贵生．用户创新概念及其运行机制．科研管理，1996 (5).

[67] 奚尊夏．P2P 网络借贷组织生存机理与框架设计研究：基

于台州案例．浙江金融，2012（8）.

［68］肖鹏，余少文，张治栋．品牌价值视角的企业软实力提升策略．济南大学学报（社会科学版），2013（2）.

［69］谢平，邹传伟．互联网金融模式研究．金融研究，2012（12）.

［70］徐岚，汪涛，姚新国．中国企业产品创新战略执行的路径：基于转轨经济条件的研究．管理世界，2007（9）.

［71］徐岚．顾客为什么参与创造?：消费者参与创造的动机研究．心理学报，2007，39（2）.

［72］叶湘榕．P2P借贷的模式风险与监管研究．金融监管研究，2014（3）.

［73］鄞益奋．网络治理：公用管理的新框架．公共管理学报，2007（1）.

［74］于海波，方俐洛，凌文辁，等．组织信任对员工态度和离职意向、组织财务绩效的影响．心理学报，2007（2）.

［75］余丰慧．P2P现好势头折射市场自我修复魔力．慧眼财经，2015-07-16.

［76］张德鹏，林萌菲，陈晓雁，等．顾客参与创新对口碑推荐意愿的影响研究：心理所有权的中介作用．管理评论，2015，27（12）.

［77］张辉，白长虹，牛振邦．品牌心理所有权、品牌承诺与品牌公民行为关系研究．管理科学，2012，25（4）.

［78］张锐．网贷平台P2P的生态与监管．金融发展研究，2014（6）.

［79］张素芳，刘建准，徐刘靖．企业信息系统需求分析中的用户参与有效性研究．情报杂志，2008（12）.

［80］张祥．顾客化定制中的顾客参与研究．武汉：华中科技大学，2007.

［81］张欣，杨志勇，王永贵．顾客互动前沿研究：内涵、维度、测量与理论演进脉络述评．国际商务（对外经济贸易大学学

报），2014（4）.

[82] 张莹瑞，佐斌．社会认同理论及其发展．心理科学进展，2006（3）.

[83] 赵夫增，丁雪伟．基于互联网平台的大众协作创新研究．中国软科学，2009（5）.

[84] 赵昊燕．我国互联网金融发展现状及对策研究．物流工程与管理，2013，35（12）.

[85] 赵建彬，景奉杰．在线品牌社群氛围对顾客创新行为的影响研究．管理科学，2016（4）.

[86] 钟耕深，朱雅杰．基于众包的商业模式优化．第五届（2010）中国管理学年会——组织与战略分会场论文集，2010.

[87] 周明，张科．基于凝聚子群的虚拟社区社会网络结构实证分析．技术经济，2009（10）.

[88] 周汝江，陈家刚．大众政治的兴起与现代国家的型构．湖北社会科学，2009（11）.

[89] 周志民，吴群华．在线品牌社群凝聚力的前因与后效研究. 管理学报，2013（1）.

[90] 庄贵军，廖貅武，张绪兵，等．企业的交互能力与交互策略：基于网络交互技术的一个研究框架．营销科学学报，2012（4）.

[91] Afuah，A.，Tucci，C. L.. Crowdsourcing as A Solution to Distant Search. Academy of Management Review，2012，37（3）：355－375.

[92] Agerfalk，P. J.，Fitzgerald. B.. Outsourcing to An Unknown Workforce：Exploring Opensourcing as a Global Sourcing Strategy. Mis Quarterly，2008，32（2）：385－409.

[93] Akhavan，P.，Mahdi，S. H.. Social Capital，Knowledge Sharing，and Innovation Capability：An Empirical Study of R&D Teams in Iran. Technology Analysis & Strategic Management，2016，28（1）.

[94] Alter，C.，Hage，J.. Organizations Working Together.

Contemporary Sociology，1994，23（4）：588.

[95] Alvin Toffler. Future Shock. Random House，1970.

[96] Alvin Toffler. The Third Wave. Bantam，1984.

[97] Ángeles，O. G.，Miriam，M. E.，Mario，C. V.，et al. Metric Proposal for Customer Engagement in Facebook. Journal of Research in Interactive Marketing，2014，8（4）：327－344.

[98] Badrinarayanan，V. A.，Sierra，J. J.，Martin，K. M.. A Dual Identification Framework of Online Multiplayer Video Games：The Case of Massively Multiplayer Online Role Playing Games（MMORPGs）. Journal of Business Research，2015，68（5）：1045－1052.

[99] Barbagallo，D.，Francalanci，C.，Merlo，F.. The Impact of Social Networking on Software Design Quality and Development Effort in Open Source Projects. Twenty Ninth International Conference on Information Systems，Paris，2008.

[100] Batjargal，B.. The Dynamics of Entrepreneurial Networks in a Transition Economy：The Case of Russia Working Paper. Ann Arbor MI. University of Michigan Business School，2011，

[101] Bauer，A.，Pizka，M.. The Contribution of Free Software to Software Evolution. In IEEE International Workshop on Principles of Software Evolution（IWPSE03），Helsinki，Finland，2003.

[102] Bauwens，M.. Class and Capital in Peer Production. Capital & Class，2009（97）：121－141.

[103] Belleflamme，P.，Lambert，T.，Schwienbacher，A.. Crowdfunding：Tapping the Right Crowd. Journal of Business Venturing，2014，29（5）：585－609.

[104] Benkler，Y.. Practical Anarchism：Peer Mutualism，Market Power，and the Fallible State. Politics & Society，2013，4（2）：213－251.

[105] Benkler，Y.. Coase's Penguin，or，Linux and the Na-

ture of the Firm. The Yale Law Journal. 2002, 112 (3): 369 - 446.

[106] Benkler, Y.. Commons-based Peer Production and Virtue. The Journal of Political Philosophy, 2006, 14 (4): 394 - 419.

[107] Benkler, Y.. Intelectual Property: Commons-Based Strategies and the Problems of Patents. Science, 2004 (305): 1110 - 1111.

[108] Benkler, Y.. Peer Production and Cooperation. In Bauer, J. M., Latzer, M. (Eds.). Handbook on the Economics of the Internet. Cheltenham and Northampton, MA: Edward Elgar, 2016: 91 - 119.

[109] Bergquist, M., Ljungberg, J.. The Power of Gifts: Organizing Social Relationships in Open Source Communities. Information Systerms Journal, 2001, 11 (4): 305 - 320.

[110] Blau, P. M.. Exchange and Power in Social Life. New York: John Wiley, 1964.

[111] Blocker, C. P., Flint, D. J., Myers, M. B.. Proactive Customer Orientation and its Role for Creating Customer Value in Global Markets. Journal of the Academy of Marketing Science, 2001, 39 (2): 216 - 233.

[112] Bommert, B.. Collaborative Innovation in the Public Sector. International Public Management Review, 2010, 11 (1): 15 - 33.

[113] Bove, L. L., Pervan, S. J., Beatty, S. E., et al. Service Worker Role in Encouraging Customer Organizational Citizenship Behaviors. Journal of Business Research, 2009, 62 (7).

[114] Brabham, D.. Moving the Crowd at iStockphoto: The Composition of the Crowd and Motivations for Participation in a Crowdsourcing Application. First Monday, 2008, 13 (6): 84 - 95.

[115] Brakus, J. J., Schmitt, B. H., Zarantonello, L.. Brand Experience: What is it? How is it Measured? Does it Affect Loyalty?. Journal of Marketing, 2009, 73 (3): 52 - 68.

[116] Brand, R.. The Citizen-innovator. The Innovation Jour-

nal, 2005, 10 (1): 183-197.

[117] Brass, D. J.. Structural Relationships, Job Characteristics and Worker Satisfaction and Performance. Administrative Science Quarterly, 1981 (26): 331-348.

[118] Breul, D. J.. Practitioner's Perspective—Improving Sourcing Decisions. Public Administration Review, 2010 (12): 193-200.

[119] Brian, J. B., Voorhees, C., Calantone, R.. Online Brand Community Engagement: Scale Development and Validation Original Research Article. Journal of Business Research, 2014, 68 (5): 978-985.

[120] Brodie, R. J., Llic, A., Juric, B., et al. Consumer Engagement in a Virtual Brand Community: An Exploratory Analysis. Journal of Business Research, 2013, 66 (1): 105-114.

[121] Brown, P., Lauder, H.. Human Capital, Social Capital and Collective Intelligence. In Baron, S. Field, J. Schuller, T.. Social Capital: Critical Perspectives. New York: Oxford University Press, 2000: 226-242.

[122] Burt, R. S.. The Contingent Value of Social Capital. Administrative Science Quarterly, 1992, 42 (2): 339-365.

[123] Calton, J. M., Lad, L. J.. Social Contracting As A Trust—Building Process of Network Governance. Business Ethics Quarterly, 1995, 5 (2): 271-295.

[124] Carbonell, P., Rodriguez-Escudero, A. I., Pujari, D.. Customer Involvement in New Service Development: An Examination of Antecedents and Outcomes. Journal of Product Innovation Management, 2009, 26 (5): 536-550.

[125] Carlson, B. D., Suter, T. A., Brown, T. J.. Social versus Psychological Brand Community: The Role of Psychological Sense of Brand Community. Journal of Business Research, 2008, 61 (4): 284-291.

[126] Chan, K. W., Yim, C. K., Lam, S.. Is Customer Participation in Value Creation a Doubleedged Sword? Evidence from Professional Financial Services Across Cultures. Journal of Marketing, 2010, 74 (2): 48-64.

[127] Chen, S. J., Chang, T. Z.. A Descriptive Model of Online Shopping Process: Some Empirical Results. International Journal of Service Industry Management, 2003, 14 (5): 556-569.

[128] Chesbrough, H.. Open Innovation: The New Imperative for Creating and Profiting from Technology. Cambridge: Harvard Business School Press, 2003: 2-6.

[129] Christodoulides, G. &., Chernatony, L. D.. Dimensionalising On and Offline Brands' Composite Equity. Journal of Product & Brand Management, 2004, 13 (3): 168-179.

[130] Ciffolilli, A.. Phantom Authority, Selfselective Recruitment and Retention of Members in Virtual Communities: The Case of Wikipedia. First Monday, 2003, 8 (12): 57-72.

[131] Clary, E. G., Snyder, M.. The Motivations to Volunteer: Theoretical and Practical Considerations. Current Directions in Psychological Science, 1999 (8): 156-159.

[132] Coase, R. H.. The Nature of the Firm. Economica, 1937, 4 (16): 386-405.

[133] Cohen, B., Kietzmann, J.. Ride On! Mobility Business Models for the Sharing Economy. Organization & Environment, 2014, 27 (3).

[134] Colgren, D.. The Rise of Crowdfunding: Social Media, Big Data, Cloud Technologies. Strategic Finance, 2014 (4).

[135] Crawford, M., Benedetto, A. D.. New Products Management. Boston: McGraw-Hill Press, 2011.

[136] Cui, A. S., Wu, F.. Utilizing Customer Knowledge in Innovation: Antecedents and Impact of Customer Involvement on

New Product Performance. Journal of the Academy of Marketing Science, 2016, 44 (4).

[137] Davis, F. D.. Perceived Usefulness, Perceived Ease of Use, and User Acceptance of Information Technology. MIS Quarterly, 1989, 13 (3): 319 - 340.

[138] Demil, B., Lecocq, X.. Neither Market nor Hierarchy nor Network. The Emergence of Bazaar Governance. Organization Studies, 2006, 27 (10): 1447 - 1466.

[139] Dubini, P., Aldrich, H.. Personal and Extended Networks are Central to the Entrepreneurial Process. Journal of Business Venturing, 1991, 6 (5): 305 - 313.

[140] Ducheneaut, N.. Socialization in an Open Source Software Community: A Socio-Technical Analysis. Computer Supported Cooperative Work, 2005 (14): 323 - 368.

[141] Eisenberger, R., Huntington, R., Hutchison, S., et al. Perceived Organizational Support. Journal of Applied Psychology, 1986, 71 (3): 500 - 507.

[142] Fang, E., Palmatier, R. W., Evans, K. R. Influence of Customer Participation on Creating and Sharing of New Product Value. Journal of the Academy of Marketing Science, 2008, 36 (3): 322 - 336.

[143] Feeley, T. H., Moon, S., Kozey, R. S.. An Erosion Model of Employee Turnover Based on Network Centrality. Journal of Applied Communication Research, 2010, 38 (2): 167 - 188.

[144] Fleming, J. H., Coffman, C., Harter, J. K.. Manage Your Human Sigma. Harvard Business Review, 2005, 83 (7): 106 - 115.

[145] Florenthal, B., Shoham, A.. Fourmode Channel Interactivity Concept and Channel Preferences. Journal of Services Marketing, 2010, 24 (1): 29 - 41.

[146] Franke, N., Shah, S.. How Communities Support Inno-

vative Activities: An Exploration of Assistance and Sharing Among End-users. Research Policy, 2003, 32 (1): 157 - 179.

[147] Freeman, L. C., Centrality in Social Networks: Conceptual Clarification. Social Networks, 1979 (1): 215 - 239.

[148] Galloway, I.. Peer-to-Peer Lending and Community Development Finance. Community Development Investment Center Working Paper. San Francisco: Federal Reserve Bank of San Francisco, 2009.

[149] Ganesan, S.. Determinants of Long-term Orientation in Buyer-seller Relationships. Journal of Marketing, 1994 (58): 1 - 19.

[150] Garzarelli, G., Galoppini, R.. Capability Coordination in Modular Organization: Voluntary FS/OSS Production and the Case of Debian GNU/Linux. SSRN Electronic Journal, 2004 - 01 - 21. DOI: 10.2139/ssrn.482125.

[151] Geerts, S. M.. Discovering Crowdsourcing Theory, Classification and Directions for Use. Thesis for Master of Science in Innovation Management at Eindhoven University of Technology, 2009.

[152] Gentile, C., Spiller, N., Noci, G.. How to Sustain the Customer Experience: An Overview of Experience Components that Co-create Value With the Customer. Europe Management Journal, 2007, 25 (5): 395 - 410.

[153] Giuri, P., Ploner, M., Rullani, F., et al. Skills, Division of Labor and Performance in Collective Inventions: Evidence from Open Source Software. International Journal of Industrial Organization, 2010, 28 (1): 0 - 68.

[154] Glen, W. S., Molly, M. W.. Coordinating Efforts in Virtual Communities: Examining Network Governance in Open Source. New York: Proceedings of the Tenth Americas Conference on Information Systems, 2004.

[155] Goodchild, F. M., Glennon, A. J.. Crowdsoursing Ge-

ographic Information for Disaster Response: a Research Frontier. International Journal of Digital Earth, 2010, 3 (3): 231-241.

[156] Granovetter, M., Economic, A.. Social Structure: The Problem of Embeddedness. American Journal of Sociology, 1985, 91 (3): 481-510.

[157] Granovetter, M., Swedberg, R., Polanyi, K., et al. The Socioloogy of Economic Life. American Journal of Sociology, 1993, 31 (2): 170.

[158] Granovetter, M. S.. Problems of Explanation in Economic Sociology. in Nohria, N., Eccles, R. (Eds.). Networks and Organizations: Structure, Form, and Action. Boston: Harvard Business School Press, 1992.

[159] Granovetter, M.. The Strength of Weak Ties. American Journal of Sociology, 1973 (78): 1360-1380.

[160] Groth, M.. Customers as Good Soldiers: Examining Citizenship Behaviors in Internet Service Deliveries. Journal of Management, 2005, 31 (7).

[161] Gruen, T. W., Osmonbekov, T., Czaplewski, A. J.. eWOM: The Impact of Customer-to-customer Online Know-how Exchange on Customer Value and Loyalty. Journal of Business Research, 2006, 59 (4).

[162] Gruen, T. W.. The Outcome Set of Relationship Marketing in Consumer Markets. International Business Review, 1995, 4 (4).

[163] Gruner, K. E., Homburg, C.. Does Customer Interaction Enhance New Product Success? . Journal of Business Research, 2000, 49 (1): 1-14.

[164] Grönroos, C., Voima, P.. Critical Service Logic: Making Sense of Value Creation and Co-creation. Journal of the Academy of Marketing Science, 2013, 41 (2): 133-150.

[165] Grönroos, C.. Adopting a Service Logic for Marketing. Marketing Theory, 2006, 6 (3): 317-333.

[166] Gummesson, E., Mele, C.. Marketing as Value Co-creation through Network Interaction and Resource Integration. Journal of Business Marketing Management, 2010, 4 (1): 181-198.

[167] Hakansson, H., Johanson, J.. The Network as a Governance Structure: Interfirm Cooperation Beyond Markets and Hierarchies in The Embedded Firms, Grabher (Eds). London and New York: Routledge, 1993.

[168] Hamari, J., Sjöklint, M., Ukkonen, A.. The Sharing Economy: Why People Participate in Collaborative Consumption. Journal of the Association for Information Science and Technology, 2016, 67 (9).

[169] Hanna, R., Rohm, A., Crittenden, V. L.. We're all Connected: The Power of the Social Media Ecosystem. Business Horizons, 2011, 54 (3): 265-273.

[170] Hars, A., Ou, S.. Working for Free? Motivations of Participating in Open Source Projects. International Journal of Electronic Commerce, 2002, 6 (3): 25-39.

[171] Hassard, J., Kelemen, M., Cox, J. W.. Disorganization Theory: Explorations in Alternative Organizational Analysis. New York: Routledge, 2008.

[172] Hau, Y. S., Kim, Y-G.. Why Would Online Gamers Share Their Innovation-conducive in the Online Game User Community? Integrating Individual Motivations and Social Capital Perspectives. Computers in Human Behavior, 2011 (27): 956-970.

[173] Heinonen, K., Standvik, T., Micklesson, K-J.. Rethinking Service Companies' Business Logic: Do We Need A Customer-Dominant Logic as Guideline. Working Paper, 2009.

[174] Helm, S. V., Renk, U., Mishra, A.. Exploring the Impact of Employees' Self-Concept, Brand Identification and Brand Pride on Brand Citizenship Behaviors. European Journal of Marketing, 2016, 50 (1/2): 58 - 77.

[175] Hertel, G., Niedner, S., Herrmann, S.. Motivation of Software Developers in Open Source Projects: An Internet-based Survey of Contributors to the Linux Kernel. Research Policy, 2003 (32): 1159 - 1177.

[176] Hienerth, C.. The Commercialization of User Innovations: The Development of the Rodeo Kayak Industry. R &D Management, 2006, 36 (3): 273 - 294.

[177] Hilgers, D., Ihl, C.. Citizensourcing: Applying the Concept of Open Innovation to the Public Sector. The International Journal of Public Participation, 2010, 4 (1): 67 - 88.

[178] Hippel, E. V.. Has a Customer Already Developed Your Next Product? . IEEE Engineering Management Review, 2007, 6 (3): 5 - 16.

[179] Hippel, E. V.. Free Innovation. The MIT Press, Cambridge, Massachusetts, London, England, 2017.

[180] Hippel, E. V.. How Open Source Software Works: "Free" User-to-User Assistance. Research Policy, 2003a: 923 - 943.

[181] Hippel, E. V.. Lead Users: A Source of Novel Product Concepts. Management Science, 1986, 32 (7): 791 - 805.

[182] Hippel, E. V.. Open Source Software and the-Private-Collective-Innovation Model: Issues for Organization Science. Organization Science, 2003b: 208 - 223.

[183] Hippel, E. V.. The Dominant Role of Users in the Scientific Instrument Innovation Process. Research Policy, 1976, 5 (3): 212 - 239.

[184] Hippel, E. V.. The Source of Innovation. New York:

Oxford University Press，1988.

[185] Hippel，E. V.. Innovation by User Communities：Learning from Open-source Software. MIT Sloan Management Review，2001，42 (4)：82 - 86.

[186] Hippel，E. V.. Sources of Innovation. Social Science Electronic Publishing，2016.

[187] Hirschman，E. C.. Consumer Intelligence，Creativity，and Consciousness：Implications for Consumer Protection and Education. Journal of Public Policy and Marketing. 1983，2 (1)：70 - 153.

[188] Horstmeier，C. A. L.，Homan，A. C.，Rosenauer，D.，et al. Developing Multiple Identifications through Different Social Interactions at Work. European Journal of Work and Organizational Psychology，2016，25 (6)：928 - 944.

[189] Hossain，L.，Zhu，D.. Social Networks and Coordination Performance of Distributed Software Development Teams. Journal of High Technology Management Research，2009 (20)：52 - 61.

[190] Howe，J.. Crowdsourcing：Why the Power of the Crowd Is Driving the Future of Business. Crown Publishing Group，2010.

[191] Howe，J.. Crowdsourcing：Why the Power of the Crowd Is Driving the Future of Business. New York：Crown Business Press，2008：23 - 25.

[192] Howe，J.. The Rise of Crowdsourcing. Wired，2006，14 (6)：176 - 183.

[193] Hsu，C. P.，Chiang，Y. F.，Huang，H. C.. How Experience-Driven Community Identification Generates Trust and Engagement. Online Information Review，2012，36 (1)：72 - 88.

[194] Hui，C.，Lee，C.，Wang，H.. Organizational Inducements and Employee Citizenship Behavior：The Mediating Role of Perceived Insider Status and the Moderating Role of Collectivism. Human Resource Management，2015，54 (3)：439 - 456.

[195] Ibrahima, N., Verliyantina, D.. The Model of Crowdfunding to Support Small and Micro Businesses in Indonesia Through a Web-based Platform. Economics and Finance, 2012 (4).

[196] Ilgen, D. R., Hollenbeck, J. R., Johnson, M.. Team in Organizations: From Input-Process-Output, Models to IMOI Models. Annual Review of Psychology, 2005 (56): 517-543.

[197] Ind, N., Iglesias, O., Schultz, M.. Building Brands Together: Emergence and Outcomes of Co-Creation. California Management Review, 2013, 55 (3): 5-26.

[198] Jenkins, H.. Confronting the Challenges of Participatory Culture: Media Education for the 21st. Century. Massachusetts: MIT Press, 2009.

[199] Jha, S., Balaji, M. S., Yavas, U., et al. Effects of Frontline Employee Role Overload on Customer Responses and Sales Performance: Moderator and Mediators. European Journal of Marketing, 2017, 51 (2): 282-303.

[200] Jones, C. S., Borgatti, P. S.. A General Theory of Network Governance: Exchange Conditions and Social Mechanisms. Academy of Management Review, 1997, 22 (4): 911-945.

[201] Kankanhalli, A., Ye, H. J., Teo, H. H.. Comparing Potential and Actual Innovators: An Empirical Study of Mobile Data Services Innovation. MIS Quarterly, 2015, 39 (3): 667-682.

[202] Kim, H. S., Choi, B.. The Effects of Three Customer-to-customer Interaction Quality Types on Customer Experience Quality and Citizenship Behavior in Mass Service Settings. Journal of Services Marketing, 2016, 30 (4).

[203] Klaus, P. H., Gorgoglione, M., Pannelio, U., et al. Are You Providing the Right Experiences? The Case of Banca Popolare Di Bari. International Journal of Bank Marketing, 2013, 31 (7): 506-528.

[204] Kleemann, F., Günter, G., Rieder, K.. Unpaid Innovators: The Commercial Utilization of Consumer Work through Crowdsourcing. Science, Technology & Innovation Studies, 2008, 4 (2): 5-26.

[205] Koh, J., Kim, Y. G.. Knowledge Sharing in Virtual Communities: An E-business Perspective. Expert Systems With Applications, 2004, 26 (2): 155-166.

[206] Kolb, D. A.. Experiential Learning: Experience as the Source of Learning and Development. Englewood Cliffs, NJ: Prentice Hall, 1984.

[207] Kollock, P.. Design Principles for Online Communties. PC Update, 1998, 15 (5): 58-60.

[208] Kottke, J. L., Sharafinski, C. E.. Measuring Perceived Supervisory and Organizational Support. Educational and Psychological Measurement, 1988, 48 (4): 1075-1079.

[209] Kreiner, K., Schultz, M., US, N.. Informal Collaboration In Research-And-Development—The Formation Of Networks Across Organizations. Organization Studies, 1993, 14 (2): 189-209.

[210] Kristensson, P., Matthing, J., Johansson, N.. Key Strategies for the Successful Involvement of Customers in the Co-creation of New Technology-based Service. International Journal of Service Industry Management, 2008, 19 (4): 474-491.

[211] Kuk, G.. Strategic Interaction and Knowledge Sharing in the KDE Developer Mailing List. Management Science, 2006, 52 (7): 1031-1042.

[212] Kuppuswamy, V., Bayus, B. L.. Crowdfunding Creative Ideas: The Dynamics of Project Backers in Kickstarter. UNC Kenan-Flagler Research Paper, 2013.

[213] Kuvaas, B., Dysvik, A., Buch, R.. Antecedents and Employee Outcomes of Line Managers'Perceptions Of Enabling HR

Practices. Journal of Management Studies, 2014, 51 (6): 845 - 868.

[214] Kuznetsov, S.. Motivations of Contributors to Wikipedia. Computers and Society, 2006, 36 (2): 1 - 7.

[215] Lakhani, K., Jeppesen, L., Lohse, P.. The Value of Openness in Scientific Problem Solving. Harvard Business School Working Paper, 2007.

[216] Lakhani, K., Wolf, B.. Why Hackers Do What They Do: Understanding Motivation and Effort in Free/Open Source Software Project. in Feller J., Fitzgerald B., Hissam S., et al. Perspectives on Free and Open Source Software. MIT Press, 2005.

[217] Lam, L. W., Liu, Y., Loi, R.. Looking Intra-Organizationally for Identity Cues: Whether Perceived Organizational Support Shapes Employees' Organizational Identification. Human Relations, 2016, 69 (2): 345 - 367.

[218] Lambert, T., Schwienbacher, A.. An Empirical Analysis of Crowd-funding. SSRN Electronic Journal, 2010: 1 - 23.

[219] Lanier, C., Hampton, R.. Consumer Participation and Experimental Marketing: Understanding the Relationship between Co-Creation and the Fantasy Life Cycle. Advances in Consumer Research, 2008, 35 (1).

[220] Larson, A.. Network Dyads in Entrepreneurial Setting, A Study of Governance of Exchange Relationships. Administrative Science Quarterly, 1992 (37): 76 - 104.

[221] Lasalle, D., Britton, T. A.. Priceless: Turning Ordinary Products into Extraordinary Experiences. Harvard Business School Press, 2003.

[222] Lee, G. K., Cole, R. E.. From a Firm-Based to a Community-Based Model of Knowledge Creation: The Case of the Linux Kernel Development. Organization Science, 2003, 14 (6): 633 - 649.

[223] Lee, Jen-Fang, Chan, Tzu-Ying. Organizational Struc-

ture of User Collaboration Community: Insights from the Case of an Open Source Software Project. Proceedings of the 4th Workshop on Open Source Software Engineering, 2004: 58 - 64.

[224] Leimeister, J., Huber, M., Bretschneider, U.. Leveraging Crowdsourcing: Activation Supporting Components for IT-based Ideas Competition. Journal of Management Information Systems, 2009 (26) 197 - 224.

[225] Lerner, J.. Tirole, J.. Some Simple Economics of Open Source. Journal of Industrial Economics, 2002, 50 (2): 197 - 234.

[226] Liao, J., Huang, M., Xiao, B.. Promoting Continual Member Participation in Firm-Hosted Online Brand Communities: an Organizational Socialization Approach. Journal of Business Research, 2017, 71 (2): 92 - 101.

[227] Liebeskind, J. P. , Oliver, A. L., Brewer, Z. M.. Social Networks, Learning, and Flexibility: Sourcing Scientific Knowledge in New Biotechnology Firms. Organization Science, 1996, 7 (4): 428 -443.

[228] Lilien, G. L.. Performance Assessment to the Lead User Idea-generation Process for New Product Development. Management Science, 2002, 48 (4): 1042 - 1059.

[229] Lim D.. Beyond Microsoft: Intellectual Property, Peer Production and the Law's Concern with Market Dominance. 2008, 18 (2): 291.

[230] Lin, X., Leung, K.. What Signals Does Procedural Justice Climate Convey? The Roles of Group Status, and Organizational Benevolence and Integrity. Journal of Organizational Behavior, 2014, 35 (4): 464 - 488.

[231] Liu, F., Zhang, L. L., Gu, J. F.. The Application of Knowledge Management in the Internet Witkey Mode in China. International Journal Of Knowledge and Systerms Sciences, 2007,

4 (4): 341 - 352.

[232] Liu, M., Liu, N. C.. Sources of Knowledge Acquisition and Patterns of Knowledge-sharing Behaviors — An Empirical Study of Taiwanese High-Tech Firms. International Journal of Information Management, 2008, 28 (5).

[233] Loubser, M. M.. Organizational Mechanisms in Peer Production: The Case of Wikipedia. SSRN Electronic Journal, 2010.

[234] Luhuman, N.. Trust and Power. New York: Wiley, 1979.

[235] Luo, N., Zhang, M., Hu, M., et al. How Community Interactions Contribute to Harmonious Community Relationships and Customers, Identification in Online Brand Community. International Journal of Information Management, 2016, 36 (5): 673 - 685.

[236] Lüthje, C., Herstatt, C.. The Lead User Method: An Outline of Empirical Findings and Issues for Future Research. R&D Management, 2004, 34 (5): 553 - 568.

[237] Lüthje, C.. Characteristics of Innovation Users in a Consumer Goods Field: an Empirical Study of Sport-related Product Consumers. Technovation, 2004 (24): 683 - 695.

[238] Lynn, D.. The Crowd Funding Provisions of JOBS Act. Financial Executive, 2012, May: 42 - 43.

[239] Macneil, I. R. The New Social Contract: An Inquiry into Modern Contractual Relations. New Haven: Yale University Press, 1980: 134 - 137.

[240] Mamonov, S., Koufaris, M., Benbunanfich, R.. The Role of the Sense of Community in the Sustainability of Social Network Sites. International Journal of Electronic Commerce, 2016, 20 (4): 470 - 498.

[241] Mayer, R., Davis, J.. An Integrative Model of Organizational Trust. Academy of Management Review, 1995 (20): 709 - 734.

[242] McKnight, D., Chervany, N.. What Trust Means in E-

Commerce Customer Relationships—An Interdisciplinary Conceptual Typology. International Journal of Electronic Commerce, 2002 (6): 35-59.

[243] Messner, D., Meyer-Stamer, J.. Governance and Networks: Tools to Study the Dynamics of Clusters and Global Value Chains. Paper for the IDS/INEF Project—The Impact of Global and Local Governance on Industrial Upgrading, 2000.

[244] Metiu, Anca. Owning the Code: Status Closure in Distributed Groups. Organization Science, 2006, 17 (4): 418-435.

[245] Meyer, T., Heng, S., Kaiser, S., et al. The Power of People: Online P2P Lending Nibbles at Banks' Loan Business. E-Banking Snapshot, Deutsche Bank Research, 2007.

[246] Meyer, C., Schwager, A.. Understanding Customer Experience. Harvard Business Review, 2007, 85 (2): 116-126.

[247] Miles, R. E., Snow, C. C.. Causes of Failure in Network Organisations. California Management Review, 1992, Summer: 53-72.

[248] Miles, R. E., Snow, C. C.. Organizations: New Concepts for New Forms. California Management Review, 1986.

[249] Mollick, E. R. The Dynamics of Crowdfunding: An Exploratory Study. Journal of Business Venturing, 2014, 29 (1): 1 16.

[250] Moore, P., Karatzogianni, A.. Parallel Visions of Peer Production. Capital and Class, 2009 (97): 7-13.

[251] Moreau, C. P., Dahl, D. W.. Designing the Solution: The Impact of Constraints on Consumers'Creativity. Journal of Consumer Research, 2005, 32 (1): 13-22.

[252] Moynihan, D. P., Pandey, S. K.. Finding Workable Levers Over Work Motivation: Comparing Job Satisfaction, Job Involvement, and Organizational Commitment. Administration & Society, 2007, 39 (7): 803-832.

[253] Muniz, A. M. , O'guinn, T. C. . Brand Community. Journal of Consumer Research, 2001, 27 (4): 412-432.

[254] Nahapiet, J. , Ghoshal, S. . Social Capital, Intellectual Capital, and Organizational Advantage. The Academy of Management Review, 1998, 23 (2): 242-266.

[255] Nam, T. . Suggesting Frameworks of Citizen-sourcing via Government 2.0. Government Information Quarterly, 2012 (29): 12-20.

[256] Nambisan, S. , Baron, R. A. . Interactions in Virtual Customer Environments: Implications for Product Support and Customer Relationship Management. Journal of Interactive Marketing, 2007, 21 (2): 42-62.

[257] Nambisan, S. , Baron, R. A. . Virtual Customer Environments: Testing a Model of Voluntary Participation in Value Cocreation Activities. Journal of Product Innovation Management, 2009, 26 (4): 388-406.

[258] Narduzzo, A. , Rossi, A. . Modularity in Action: GNU/Linux and Free/Open Source Software Development Model Unleashed, 2003.

[259] Nathan, M. , Mitroff, I. . The Use of Negotiated Order Theory as a Tool for the Analysis and Development of an Interorganizational Field. Journal of Applied Behavioral Science, 1991, 27 (2): 163-180.

[260] Nohria, N. , Eccle, R. . Networks and Organization: Structure form and Action. Boston: Harvard Business School Press, 1992: 348-365.

[261] Novak, T. P. , Hoffman, D. L. , Yung, Y. F. . Measuring the Customer Experience in Online Environments: A Structural Modeling Approach. Marketing Science, 2000, 19 (1): 22-42.

[262] Oakes, P. J. , Turner, J. C. . Social Categorization and

Intergroup Behaviour: Does Minimal Intergroup Discrimination Make Social Identity More Positive? . European Journal of Social Psychology, 1980, 10 (3): 295-301.

[263] Ordanini, A., Miceli, L., Pizzetti, M.. Crowd-funding: Transforming Customers into Investors through Innovative Service Platforms. Journal of Service Management, 2011, 22 (4).

[264] Oreg, S., Nov, O.. Exploring Motivations for Contribution to Open Source Initiatives: The Roles of Contribution Context and Personal Values. Computers in Human Behavior, 2008 (24): 2055-2073.

[265] Orsi, C.. Knowledge-Based Society, Peer Production and Common Good. Capital and Class, 2009 (97): 31-53.

[266] Payne, A. F., Storbacka, K., Frow, P.. Managing the Co-creation of Value. Journal of the Academy of Marketing Science, 2008, 36 (1): 83-96.

[267] Pentzold, C.. Vermisste Massen? Digitale Vernetzte Medien und Die Theorie der Kritischen Masse. Digitale Medientechnologien vs. Verlag für Sozialwissenschaften, 2011.

[268] Piehler, R., King, C., Burmann, C., et al. The Importance of Employee Brand Understanding, Brand Identification, and Brand Commitment in Realizing Brand Citizenship Behaviour. European Journal of Marketing, 2016, 50 (9/10): 1575-1601.

[269] Poetz, M. K., Schreier, M.. The Value of Crowdsourcing: Can Users Really Compete with Professionals in Generating New Product Ideas? Journal of Product Innovation Management, 2012, 29 (2): 245-256.

[270] Pollitt, M.. The Economics of Trust, Norms and Networks. Business Ethics: A European Review, 2002, 11 (2): 231-254.

[271] Powell, W. W.. Neither Market nor Hierarchy: Network Forms of Organization. Research in Organizational Behavior,

1990 (12): 295-336.

[272] Prahalad, C., Ramaswamy, V.. The Future of Competition Co-creating Unique Value with Customers. Boston: Harvard Business Press, 2005: 8-13.

[273] Prahalad, C. K., Ramaswamy, V.. Co-creation Experiences: The Next Practice in Value Creation. Journal of Interactive Marketing, 2004 (18): 5-14.

[274] Prahalad, C. K., Ramaswamy, V.. Co-opting Customer Competence. Harvard Business Review, 2000, 78 (1): 79-87.

[275] Preacher, K. J., Hayes, A. F.. Asymptotic and Resampling Strategies for Assessing and Comparing Indirect Effects in Multiple Mediator Models. Behavior Research Methods, 2008, 40 (3): 879-891.

[276] Preece, J.. Sociability and Usability in Online Communities: Determining and Measuring Success. Behavior and Information Technology, 2001, 20 (5): 347-356.

[277] Qureshi, I., Fang, Y.. Socialization in Open Source Software Projects: A Growth Mixture Modeling Approach. Organizational Research Methods, 2011, 14 (1).

[278] Ramani, G., Kuma, R. V.. Interaction Orientation and Firm Performance. Journal of Marketing, 2008, 72 (1): 27-45.

[279] Raymond, E. S.. The Cathedral and the Bazaar: Musings on Linux and Open Source by an Accidental Revolutionary. Sebastopol, CA: O'Reilly, 1999.

[280] Rheingold, H.. The Virtual Community: Homesteading on the Electric Frontier. Harper Perennial, 1993.

[281] Roberts, K. H., O'Reilly, C. A.. Some Correlations of Comunication Roles in Organizations. Academy of Management Journal, 1979, 22 (1): 42-57.

[282] Romn, C., Pliskin, N., Clarke, R.. Virtual Communities

and Society: Toward an Integrative Three Phase Model. International Journal of Information Management, 1997, 17 (4): 261-270.

[283] Rose, S., Hair, N., Clark, M.. Online Customer Experience: A Review of the Business-to-consumer Online Purchase Context. International Journal of Management Reviews, 2011, 13 (1): 24-39.

[284] Rossi, C., Bonaccorsi, A.. Comparing Motivations of Individual Programmers and Firms to Take Part in the Open Source Movement: From Community to Business. Knowledge, Technology and Policy, 2006, 18 (4): 44-64.

[285] Rothwell, R.. Successful Industrial Innovation: Critical Factors for the 1990s'. R & D Management, 1992, 22 (3): 221-239.

[286] Rowley, J. E.. Reflections on Customer Knowledge Management in E-business. Qualitative Market Research: An International Journal, 2002, 5 (4).

[287] Ryan, R., Deci, E.. Intrinsic and Extrinsic Motivations: Classic Definitions and New Directions. Contemporary Educational Psychology, 2000 (25): 54-67.

[288] Sagers, G. W., Wasko, M., Dickey, M. H.. Coordinating Efforts in Virtual Communities: Examining Network Governance in Open Source. Proceedings of the Tenth Americas Conference on Information Systems, 2004.

[289] Schmitt, B. H.. Experiential Marketing: How to Get Customers to Sense, Feel, Think, Act, Relate to Your Company and Brands. New York: Free Press, 1999.

[290] Schweik, C. M., English, R. C.. Internet Success: A Study of Open-Source Software Commons. MIT Press, 2012.

[291] Schweisfurth, T. G., Raasch, C.. Embedded Lead Users—The Benefits of Employing Users for Corporate Innovation. Research policy, 2015, 44 (1): 168-180.

[292] Schwienbache, A., Benjamin, L.. Crowdfunding of Small Entrepreneurial Ventures: The Handbook of Entrepreneurial Finance. Oxford University Press, 2010.

[293] Scott, S. G., Bruce, R. A.. Determinants of Innovative Behavior: A Path Model of Individual Innovation in the Workplace. Academy of Management Journal, 1994, 37 (3): 580-606.

[294] Shanock, L. R., Eisenberger, R.. When Supervisors Feel Supported: Relationships with Subordinates' Perceived Supervisor Support, Perceived Organizational Support, and Performance. Journal of Applied Psychology, 2006, 91 (3): 689-695.

[295] Shaw, A., Hill, B. M.. Laboratories of Oligarchy? How the Iron Law Extends to Peer Production. Journal of Communication, 2014, 64 (2): 215-238.

[296] Shawhney, M., Verona, G., Prandelli, E.. Collaborating to Create: The Internet as a Platform for Customer Engagement in Product Innovation. Journal of Interactive Marketing, 2005, 19 (4): 4-17.

[297] Sherman, A. J., Brunsdale, S.. The Jobs Act: Its Impact on M&A. Journal of Corporate Accounting & Finance, 2013 (24).

[298] Shore, L. M., Tetrick, L. E.. A Construct Validity Study of the Surrey of Perceived Organizational Support. Journal of Applied Psychology, 1991 (81): 637-643.

[299] Spek, S., Postma, E., Herik, H. J. V. D.. Wikipedia: Organisation from a Bottom-up Approach. Computer Science, 2006, 54 (1): 178-179.

[300] Srivastava, M., Kaul, D.. Social Interaction, Convenience and Customer Satisfaction: The Mediating Effect of Customer Experience. Journal of Retailing and Consumer Services, 2014, 21 (6): 1028-1037.

[301] Stock, R. M., Von Hippel, E., Gillert, N. L.. Im-

pacts of Personality Traits on Consumer Innovation Success. Research Policy, 2016, 45 (4): 757 - 769.

[302] Stokburger-Sauer, N. E., Wiertz, C.. Online Consumption Communities: An Introduction. Psychology & Marketing, 2015, 32 (3): 235 - 239.

[303] Sun, Y., Wang, N., Peng, Z.. Working for One Penny: Understanding Why People Would Like to Participate in Online Tasks with Low Payment. Computers in Human Behavior, 2011, 27 (1): 1 039- 1 049.

[304] Tapscott, D., Williams, A.. Wikinomics: How Mass Collaboration Changes Everything. London: Portfolio, 2006: 6 - 11.

[305] Thomke, S., Hippel, E. V.. Customers as Innovators: a New Way to Create Value. Harvard Business Review, 2002, 80 (4): 5 - 11.

[306] Torres, L. H.. Citizen Sourcing in the Public Interest. Knowledge Management for Development Journal, 2007, 3 (1): 134 - 145.

[307] Vargo, S. L., Lusch, R. F.. Evolving to a New Dominant Logic for Marketing. Journal of Marketing, 2004, 68 (1): 1 - 17.

[308] Venkatesh, V., Morris, M., Davis, G. B., et al. User Acceptance of Information Technology: Toward a Unified View. MIS Quarterly, 2003, 27 (3): 430 - 450.

[309] Verhoef, P. C., Langerak, F.. Possible Determinants of Consumers' Adoption of Electronic Grocery Shopping in the Netherlands. Journal of Retailing and Consumer Services, 2001, 8 (5): 275 - 285.

[310] Veryzer, R. W., Mozota, B. B. D.. The Impact of User-oriented Design on New Product Development: An Examination of Fundamental Relationships. Journal of Product Innovation Management, 2005, 22 (2): 128 - 143.

[311] Voorveld, H., Neijens, P., Smit, E.G.. The Interactive Authority of Brand Web Sites: A New Tool Provides New Insights. Journal of Advertising Research, 2010, 50 (3): 292-304.

[312] Vujovic, S., Ulhoi, J.P.. An Organizational Perspective on Free and Open Source Software Development. In Bitzer, J., Schroder, J.H. (Eds.). The Economics of Open Source Software Development, Elsevier B.V, 2006: 185-206.

[313] Walter, A., Ritter, T., Gemuenden. H.G.. Value Creation in Buyer-seller Relationships: Theoretical Considerations and Empirical Results from a Supplier's Perspective. Industrial Marketing Management, 2001, 30 (4): 365-377.

[314] Wang, W., Hou, Y.. Motivations of Employees Knowledge Sharing Behaviors: A Self-determination Perspective. Information and Organization, 2015, 25 (1).

[315] Wasserman, S., Faust, K.. Social Network Analysis: Methods and Applications. New York: Cambridge University Press, 1994.

[316] Weber, S.. The Success of Open Source. Cambridge: Harvard University Press, 2004.

[317] Wellman, B.. Computer Networks as Social Networks. Science, 2001, 293 (14): 2031-2034.

[318] Williamson. Transaction Cost, Economics, Governance of Contractual Relations. Journal of Law & Economics, 1979, 22 (2): 233-261.

[319] Wu, C.G., Gerlaeh, J.H., Young, C.E.. An Empirical Analysis of Open Source Software Developers Motivations and Continuance Intentions. Information & Management, 2007, 44 (3): 253-262.

[320] Yadav, M.S., Varadarajan, R.. Interactivity in the E-

lectronic Marketplace: An Exposition of the Concept and Implications for Research. Journal of the Academy of Marketing Science, 2005, 33 (4): 585 - 603.

[321] Yang, J., Adamic, L., Ackerman, M.. Crowdsourcing and Knowledge Sharing: Strategic User Behavior on Task. Proceedings of the 9th ACM Conference on Electronic Commerce, 2008.

[322] Ye, H. J., Feng, Y., Choi, B. C. F.. Understanding Knowledge Contribution in Online Knowledge Communities: A Model of Community Support and Forum Leader Support. Electronic Commerce Research and Applications, 2015, 14 (1): 34 - 45.

[323] Yi, Y., Gong, T.. Customer Value Co-creation Behavior: Scale Development and Validation. Journal of Business Research, 2013, 66 (9): 1279 - 1284.

[324] Yoo, J. J., Arnold, T. J., Frankwick, G. L.. Effects of Positive Customer-to-customer Service Interaction. Journal of Business Research, 2012, 65 (9): 1313 - 1320.

[325] Yu, L.. Self-organization Process in Open-source Software: An Empirical Study. Information and Software Technology, 2008, 50: 361 - 374.

[326] Zhou, Z., Zhang, Q., Su, C., et al. How do Brand Communities Generate Brand Relationships? Intermediate Mechanisms. Journal of Business Research, 2012, 65 (7): 890 - 895.

[327] Zhu, H., Kraut, R., Kittur, A.. Organizing without Formal Organization: Group Identification, Goal Setting and Social Modeling in Directing Online Production. 中国化学：英文版，2012, 36 (3): 935 - 944.

[328] Zhu, H., Kraut, R. E., Wang, Y. C., et al. Identifying Shared Leadership in Wikipedia. Proceedings of the International Conference on Human Factors in Computing Systems, CHI 2011, Vancouver,

BC, Canada, May 7 - 12, 2011. ACM, 2011.

[329] Zwass, V.. Co-creation: Toward a Taxonomy and An Integrated Research Perspective International. Journal of Electronic Commerce, 2010, 15 (1): 11 - 48.

图书在版编目（CIP）数据

互联网时代的大众生产/孟韬著．--北京：中国人民大学出版社，2020.6
（管理学文库）
ISBN 978-7-300-28215-2

Ⅰ．①互… Ⅱ．①孟… Ⅲ．①企业管理—生产管理—研究 Ⅳ．①F273

中国版本图书馆 CIP 数据核字（2020）第 100589 号

管理学文库
互联网时代的大众生产
孟 韬 著
Hulianwang Shidai de Dazhong Shengchan

出版发行	中国人民大学出版社		
社　　址	北京中关村大街 31 号	**邮政编码**	100080
电　　话	010－62511242（总编室）		010－62511770（质管部）
	010－82501766（邮购部）		010－62514148（门市部）
	010－62511173（发行公司）		010－62515275（盗版举报）
网　　址	http://www.crup.com.cn		
经　　销	新华书店		
印　　刷	固安县铭成印刷有限公司		
开　　本	720 mm×1000 mm　1/16	**版　　次**	2020 年 6 月第 1 版
印　　张	14 插页 2	**印　　次**	2025 年 6 月第 2 次印刷
字　　数	199 000	**定　　价**	78.00 元